走进"一带一路"丛书

浙江省社科联社科普及课题（19WT05）

欧洲一串晶莹剔透的葡萄
摩尔多瓦

杨炳麟　[摩尔]琳娜·帕特拉氏库（Lina Pătrașcu）　编著

Republic of Moldova

浙江工商大学出版社
ZHEJIANG GONGSHANG UNIVERSITY PRESS
·杭州·

图书在版编目(CIP)数据

　　欧洲一串晶莹剔透的葡萄：摩尔多瓦／杨炳麟，
(摩尔)琳娜·帕特拉氏库编著. — 杭州：浙江工商大
学出版社，2020.1
　　(走进"一带一路")
　　ISBN 978-7-5178-3342-0

　　Ⅰ.①欧… Ⅱ.①杨… ②琳… Ⅲ.①摩尔多瓦—概
况 Ⅳ.①K951.15

中国版本图书馆 CIP 数据核字(2019)第 154777 号

欧洲一串晶莹剔透的葡萄——摩尔多瓦
OUZHOU YI CHUAN JINGYINGTITOU DE PUTAO ——MOERDUOWA

杨炳麟　[摩尔]琳娜·帕特拉氏库(Lina Pătraşcu) 编著

责任编辑	张　玲
封面设计	林朦朦
责任校对	贺　然　王黎明
责任印制	包建辉
出版发行	浙江工商大学出版社
	(杭州市教工路 198 号　邮政编码 310012)
	(E-mail:zjgsupress@163.com)
	(网址:http://www.zjgsupress.com)
	电话:0571-88904980,88831806(传真)
排　　版	杭州朝曦图文设计有限公司
印　　刷	杭州高腾印务有限公司
开　　本	880mm×1230mm　1/32
印　　张	6
字　　数	140 千
版 印 次	2020 年 1 月第 1 版　2020 年 1 月第 1 次印刷
书　　号	ISBN 978-7-5178-3342-0
定　　价	49.80 元

‖ 目 录 ‖

◈ 开篇

◈ 上篇　共和国的前身

达契亚王国及达契亚战争　009
语言、信仰和民族的形成　017
摩尔多瓦公国的建立　027
斯特凡大公与奥斯曼帝国的斗争　035
从被奥斯曼控制到被沙俄吞并　049
两次世界大战中的比萨拉比亚　068

◈ 中篇　摩尔多瓦共和国

共和国的独立　081
独立后的摩尔多瓦　087
共和国今生的困惑　093
东西方价值的共同承载者　105
吊古寻幽　116
摩尔多瓦文化名人　131

◈ 下篇　万里之遥的朋友

中摩友谊　144
通向欧洲的大门　160
一位北京人打开的义乌—摩尔多瓦通路　177

◈ 参考文献　184

开篇

摩尔多瓦共和国（Republic of Moldova）是位于东欧的一个小国，人口大约350万，总面积为33843.5平方公里，其大部分领土为历史上摩尔多瓦公国的东部地区，以及东侧越过德涅斯特河的部分土地。摩尔多瓦共和国西面与罗马尼亚接壤，以普鲁特河划分边界线，北面、东面、南面与乌克兰接壤，是一个内陆国家，地形犹如一串倒挂的、晶莹剔透的葡萄。

摩尔多瓦共和国在当今国际舞台上并非一个知名国家。由于国土面积较小，摩尔多瓦对当今全球事务的影响力微乎其微，因此其历史也未能引起国内学者的关注，直到今天，国内有关摩尔多瓦的文献亦是屈指可数。然而，即使是最基本的常识也会告诉我们，在摩尔多瓦这片土地上演绎的历史绝不会只有短短二十几年。作为一本专注于摩尔多瓦的著作，如果不对这片土地上动荡不息的历史进行深入的探讨和分析，那可就有舛讹之嫌了。

2世纪初，当时中国正处在西汉时期，远在地球的另一端，罗马帝国则正在入侵中东欧的达契亚①（Dacia）。经过了一系列残酷的战争，罗马帝国在消耗了相当可观的资源后终于征服了达契亚人（Dacian）。当时，达契亚人的勇猛众所周知，罗马帝国的皇帝图拉真（Trajan）欲将征服达契亚民族的胜利果实永传后人，因此下令在奎里纳尔山边的图拉真广场上修建图拉

---

① 位于喀尔巴阡山与多瑙河之间的古代王国。

真纪功柱。时至今日，图拉真纪功柱依然屹立在罗马，成为意大利向世人展示过去的窗口。但是达契亚人呢？这个勇敢的民族是否永远消失了？

今天，尽管没有一个国家或民族叫作达契亚，但是史学家们普遍认为达契亚的后人就生活在当今的罗马尼亚和摩尔多瓦。也许对我们的读者而言，罗马尼亚并不陌生，摩尔多瓦则充满了神秘感。要想真正了解今日摩尔多瓦这个国家的社会形态、人文思潮、民族特性，对在这片土地上产生过深远影响的历史事件进行分析显得至关重要。正如马丁·路德·金所说的那样，"我们不是历史的创造者，是历史创造了我们"。摩尔多瓦这片土地在地缘上介于三大势力——拉丁文化势力、斯拉夫文化势力和伊斯兰势力之间。这三大势力在这片土地上书写了史诗般动荡的历史，不断的征服与反抗、统一与分离使得摩尔多瓦自身具备了文化的多元性，但也为这个不大的国家带来了不少历史遗留问题。比如说民族的归属问题，语言的名称问题，发展的道路问题……这些问题带来了无休止的论战，困扰着这个国家，甚至造成今日社会的撕裂。但同时，历史也赋予了摩尔多瓦人许多美好的特质，如富有战斗精神、热情好客、注重亲情，以及对新环境具有极强的适应能力，等等。

为了向读者全方位地展示摩尔多瓦，本书将通过三个篇章来介绍摩尔多瓦的前世今生，以及当下与我国的关系。在本书的上篇和中篇中，我们力图简洁地勾勒出摩尔多瓦历史发展的轮廓，带领读者去探究这个国家的由来，去领略这个民族的独特文化；在下篇中，我们则集中介绍摩尔多瓦的土地资源、地理优势与投资环境，希望能将摩尔多瓦这个"一带一路"欧洲经济圈国家的实用信息提供给更多的相关人士，为中摩两国的友谊与经济合作贡献一份绵薄之力。

上篇

共和国的前身

　　地缘因素,毫无疑问是影响一个国家或地区形成与发展的至关重要的因素,摩尔多瓦所处的地理位置造就了摩尔多瓦的昨天与今天。摩尔多瓦地处不同势力范围的交界处,历史上这片土地一直是各大帝国的战场,是一块兵家必争之地,不仅如此,还时常被来自东西方的游牧民族入侵与掠夺。"所有的邪恶都曾践踏过"[1]摩尔多瓦,早在 17 世纪,摩尔多瓦编年史学家格里戈尔·乌雷奇(Grigore Ureche)就对这样一种史诗般而又忧伤的地理命运做了总结。古时,这一地区为欧洲文明世界的外围地区,它抵御了来自东方部落的进攻,成了欧洲文明的保护带。公元后一千年里,它成了两大帝国首都——罗马和君士坦丁堡(今日的伊斯坦布尔)之间人口迁移的重要通道。13 世纪,鞑靼人(Tatars)向西进攻欧洲,大举屠杀民众,摩尔多瓦所在这一地区几乎毁于鞑靼人的铁蹄之下。随后的三个多世纪里,这片土地一直处于南部的奥斯曼帝国的威胁之下并最终为其所侵占。东北方向的俄罗斯则在这片土地上统治过两段时间,第一段时间为 19 世纪的沙俄帝国时期,第二段时间为 20 世纪的苏联时期。20 世纪末苏联解体,在东西方两大阵营的撕扯中,摩尔多瓦共和国诞生了。

---

　　① 　Ureche, Grigore. *Letopisețul Țării Moldovei*. Chișinău: Cartea Moldovei, 2012, p. 8.

　　1991 年以前,现今摩尔多瓦共和国所在的行政边界范围内的土地从未以一个国家的形态存在过。因此,我们在叙述历史演变进程时,所谈论的空间无可避免地会大大超越今日摩尔多瓦共和国所覆盖的行政疆域。

达契亚王国及达契亚战争

现存的历史遗迹和考古学的研究均显示曾有一个达契亚民族(Dacians)，他们分成了数量庞大的部落群，"居住在蒂萨河(Tisza)、多瑙河、黑海和德涅斯特河(Dniester)之间的区域以及少量越过这些边界的地区"①。达契亚王国的国力在国王布雷比斯塔(Burebista)统治时期(前82—前44年)达到了顶峰。布雷比斯塔设法团结了分散的达契亚部落，凝结力量，开疆辟土，当时的达契亚王国完全包含了今天行政地图上的罗马尼亚和摩尔多瓦，还包含了属于保加利亚、匈牙利、波兰、斯洛伐克和塞尔维亚的小部分领土。达契亚王国的都城萨米泽盖图撒(Sarmizegetusa)是当时喀尔巴阡山地区最重要的军事、政治、宗教中心，位于今日罗马尼亚境内西部的喀尔巴阡山山脉中。

在此讲述达契亚王国的历史是因为当时的达契亚王国并不是以一个野蛮原始的形态存在的，而是一个长治久安的王国，并且他们发展出了独具特色的文明。时至今日，考古学家们依然没有完全厘清达契亚人的历史，但众所周知的是他们是伟大的色雷斯家族的一员，属印欧人。关于色雷斯人的最早描述出现在《荷马史诗》中，更多有关色雷斯人的文字信息则是随着古希腊文明的扩张——在古希腊势力抵达多瑙河和德涅斯

---

① Giurescu, Constantin. *Istoria Românilor*, Vol. 1-*Din cele mai vechi timpuri până la moartea lui Alexandru cel Bun* (1432). București: ALL, 2010, p. 39.

特河在黑海的入海口后,由古希腊人记录了下来。最早提及达契亚人的文字,则可追溯到公元前 5 世纪。古希腊历史学家希罗多德(Herodotus)在他描写关于波斯人(Persians)和斯基泰人(Scythian)之间战争的书籍中提到,"盖塔人[①](Getae,达契亚人的别称)被认为是不朽的,他们反抗被史学家称为'莽撞'而数量庞大的波斯王军队,并因此遭受奴役,但他们是最勇敢和正直的色雷斯人"[②]。

　　达契亚王国的经济主要基于农业和畜牧业,达契亚人将农业和畜牧业中所收获的物资与当时代表欧洲最先进文明的国家——希腊进行商贸交易,在频繁的商贸往来中获得了希腊先进的"新技术"。农耕对达契亚人而言至关重要,即使在战争中达契亚人也从未放弃过耕作,根据 10 世纪的拜占庭百科全书记载,在与图拉真战争期间,达契亚的一位君王对达契亚贵族进行了分工,部分贵族领命去守卫城堡,而另一部分贵族则被安排专门管理农业生产。[③] 葡萄被非常广泛地种植在达契亚境内,酿制葡萄酒随之也成了达契亚人一个习以为常的活动,但葡萄的种植和葡萄酒的酿制曾被认为在某种程度上阻碍了达契亚王国的发展。史学家的研究显示,"在国王布雷比斯塔执政时期,达契亚民众曾被要求移除已经种植

---

　　① 在古希腊的史书中,比如希罗多德的作品中,被称为盖塔人;而在古罗马的史书中被称为达契亚人;在现代文献中则多以盖塔达契亚人的形式出现。

　　② Herodot. *Istorii.* cîntul IV, verset 93, *Izvoarele Istoriei României*, *Vol. I*. Bucureşti: Academiei Republicii Socialiste Românâ, 1970, pp. 47-49.

　　③ Giurescu, Constantin. *Istoria Românilor*, *Vol.* 1-*Din cele mai vechi timpuri până la moartea lui Alexandru cel Bun* (1432). Bucureşti: ALL, 2010, p. 83.

的葡萄并不再饮用葡萄酒"①。

在古欧洲文明中,最具影响力的便是古罗马文明和古希腊文明。而达契亚文明与这些文明有着明显的区别,这点从达契亚人的信仰中就可以看出。达契亚人相信灵魂,认为人的灵魂是永生的,人的肉身死亡后灵魂会到达叫作扎莫雷克斯(Zamolxis)的神明那里,古希腊历史学家希罗多德因此也称"盖塔人是永生的"。与扎莫雷克斯通信的方式也很奇特,首先要挑选一名男子,将其抛掷在一个并排安装有三根垂直长刺的钉板上。如果这名男子被长刺刺死,说明他的灵魂抵达扎莫雷克斯那里,人们的意愿也通过他的灵魂传递给了扎莫雷克斯。倘若该男子未被长矛刺死,则意味着这个人没有资格成为信使,扎莫雷克斯无法收到人们的请求,这便需要重新挑选一名男子献给神明。这一祭祀活动每五年进行一次。

1世纪,罗马帝国在东北方向的势力范围已经到达了多瑙河沿岸,与达契亚王国接壤。达契亚人数次越境抢夺,成为影响罗马帝国东部稳定的巨大祸患。达契亚王国与罗马帝国之间曾有过数次战争,最后一场决定性的战争在达契亚王国最后一位君主德切巴尔(Decebal)在位期间爆发了。一位著名的希腊史学家曾这样描写德切巴尔:"(他)非常善战,拥有着娴熟的军事技能,深谙用兵之法,进退自如,并懂得如何利用战事的优势进行谈判。在很长一段时间内他成为令罗马人闻风丧胆的敌人。"②在头两

---

① 斯特拉波(Strabon),希腊历史学家和地理学家。Constantiniu, Florin. *O Istorie Sinceră a Poporului Român*. Ed. IV, Bucureşti: Univers Enciclopedic Gold, 2014, p. 32. (后者在其作品中引用了前者的话)

② 卡西乌斯·狄奥(Cassius Dio),2—3世纪的政治和历史学家。Constantiniu, Florin. *O Istorie Sinceră a Poporului Român*. Bucureşti: Univers Enciclopedic Gold, Ed. IV, 2014, p. 35. (后者在其作品中引用了前者的话)

场战役中,罗马帝国均败给了达契亚。随后的第三场战役表面上双方未决胜负,达成了和平协议,然而实际上德切巴尔高明的谈判技能使得这份和平协议中规定罗马每年须向达契亚提供金钱、兵器、战车和工匠用于军事建设,并正式承认德切巴尔为达契亚国王。而时任罗马皇帝的图密善(Domitianus)在国内将这份和平协议作为罗马帝国的伟大胜利进行庆祝,但图密善并不敢给自己冠以"达契亚征服者"的头衔。实质上这份和平协议对于强大的罗马帝国而言是一种耻辱。罗马与达契亚之间的和平仅仅维持了几年的时间。98年,图拉真登上皇位,成为罗马帝国的第十三位皇帝。图拉真拥有杰出的军事才华和政治能力。他与凯撒大帝一样,是一位真正的征服者。时过不久,图拉真便发动了对达契亚的战争。

　　根据现代史学家的研究,当时图拉真发动对达契亚战争的目的并非单单是恢复罗马帝国与达契亚的"正常"关系,更多的是要征服占领这一疆域,因为达契亚土地肥沃且阿普塞尼山脉(Apuseni,今位于罗马尼亚境内,是喀尔巴阡山的一部分)富产黄金,肥沃的土壤和黄金可以确保罗马帝国的稳定,同时东部边境地域的扩张可形成罗马帝国的防御屏障。其实征服达契亚的想法早就根植于图拉真的脑海中,图拉真曾多次誓言"将把达契亚变成罗马的一个行省"[1]。101年,刚刚登上王位三年的图拉真发动了对达契亚王国的战争,史称达契亚战争。图拉真集结二十万大军,亲自率军上阵征讨达契亚。当时战火主要集中在今日罗马尼亚西南部地区,一连串的战事给双方带来了大批伤亡,图拉真高超的军事技能最终将罗马帝国军队带到了

---

　　① Giurescu, Constantin. *Istoria Românilor*, Vol. 1-*Din cele mai vechi timpuri până la moartea lui Alexandru cel Bun* (1432). Bucureşti: ALL, 2010, p. 71.

达契亚王国首府萨米泽盖图撒城墙之下。德切巴尔派出特使求和，但并未得到图拉真的回应，危急的形势迫使德切巴尔亲自出面向图拉真讲和。德切巴尔的谈判能力再次发挥了作用，图拉真同意停止进攻。然而这一次所达成的协议对达契亚极为不利，协议旨在削弱达契亚的实力，规定达契亚除必须返还所有之前从罗马帝国那获得的武器、战车和工匠外，还需遣返所有罗马叛逃士兵，移除所有要塞，允许罗马在达契亚境内驻兵，在返还所有罗马地盘的基础上再赠送罗马帝国部分土地。德切巴尔没有选择的余地，只能接受这些苛刻的条件。图拉真带着胜利返回罗马，并自封为"达契亚征服者"。然而倔强的达契亚人怎么可能真心臣服于罗马？他们将这作为缓兵之计，积极筹备，准备时机成熟时再夺回原本的优势。图拉真走后两年内，德切巴尔不仅没有拆除要塞，遣返罗马叛逃士兵，反而加强要塞的建设，招兵买马，同时积极联合邻邦，组建同盟。消息不胫而走，传到了罗马，达契亚的命数也因此而尽。105 年，图拉真发起了对达契亚的第二次征讨，这一次图拉真誓言要将达契亚彻底征服，变为罗马帝国的一个行省。在消耗了大量人力物力后，罗马帝国的军队再次抵达了萨米泽盖图撒的城门之前，大决战拉开了序幕。

　　达契亚人明白这次若失败将导致达契亚的彻底灭亡，战士们誓死抵抗，成功击退了罗马人的首轮进攻。罗马人转变策略，转而打持久战，在萨米泽盖图撒城外修筑与城墙平行的工事堡垒，包围整个城池，彻底阻断城墙内外的联系。罗马人切断了萨米泽盖图撒城的供水，城内资源一天天被耗尽，达契亚的皇室贵族们看不到胜利的希望，纷纷自尽，在罗马人铁蹄进城之前达契亚人放火烧毁了整个萨米泽盖图撒城。德切巴尔计划乘乱逃亡到其他城池再做反击，但在出逃时被罗马士兵包围,桀骜不驯的德切巴尔用手中之剑刺穿自己,宁愿死在自己剑下也不愿做罗马人的奴隶。随后图拉真将德切巴尔的头颅砍下并派人送回罗马,以宣扬他的赫赫战功。名震一时的达契亚王国就此灭亡。

征讨达契亚的胜利对于图拉真而言可谓意义重大,图拉真返回罗马后举行了长达四个月的庆典活动,并下令修建了著名的图拉真纪功柱,图拉真纪功柱至今依然屹立在意大利的首都。其高近 40 米,宽近 4 米,由一整块卡拉拉大理石雕刻而成,长达 200 米的浮雕绕柱 23 周,成为历史的画轴,记载着图拉真对达契亚的两次征战,同时也保留了人们对达契亚王国这个与古罗马处在同一时期却截然不同民族的记忆:一边是罗马帝国的胜利,一边是达契亚王国作为一个政治实体的消亡。罗马人将占领的领土改造成罗马帝国的两个行省——达契亚行省和默西亚(Moesia)行省。达契亚行省主要为今日罗马尼亚境内喀尔巴阡山脉所围绕的地域。默西亚行省则为从达契亚行省继续向东抵达黑海西岸的地区。达契亚行省对于罗马帝国而言不仅仅是疆土的扩展和对边境威胁的消除,在经济层面上也对罗马帝国有着重大的意义。一位历史学家描述道:"罗马从达契亚战争中收获了巨大的财富,大批的牛群、武器、囚徒和相当数量的贵金属,包括 165000 公斤的黄金和 331000 公斤的白银。"[①]罗马文明深远地影响了达契亚人,由于默西亚行省和北部未被征服的达契亚地区(史称自由达契亚)之间并无天然的屏障,地处今日摩尔多瓦共和国南部地区的自由达契亚人开始与罗马人有了直接的接触。罗马文化

①　约翰·利德斯(John Lydus),5—6 世纪的拜占庭历史学家。Constantiniu, Florin. *O Istorie Sinceră a Poporului Român*. Bucuresti: Univers Enciclopedic Gold, Ed. V, 2014, p. 37.(后者在其作品中引用了前者的话)

同样深深渗透到未被征服的自由达契亚人中。当时自由达契亚人对被罗马人占领并设定了居住点的区域进行袭击和抢劫,这也致使罗马人在今天摩尔多瓦共和国南部的区域修建了"图拉真墙"(Valul lui Traian),以此抵御来自自由达契亚人和其他部落的攻击。研究表明,在自由达契亚人居住的区域,人们并未发现罗马人的居住遗迹和坟墓,但发现了大量罗马人的用品,尤其是在达契亚人的墓葬中。[1]

图拉真纪功柱

罗马帝国的统治持续了近 170 年(约 106—271 年),尽管在罗马人的统治下,达契亚人须向罗马帝国缴纳巨额的税款,

① Ioniță, Ion. *Din Istoria și Civilizația Dacilor Liberi*. Iași: Junimea, 1982, p. 73.

但同时也从罗马帝国的先进技术中获益。在罗马技术的指导下,达契亚人修筑了公路,在罗马军队驻扎的地方出现了新的村庄。罗马式的道路给当时的达契亚人留下了深刻的印象,事实上罗马高超的道路修建技术依然让今天的人们惊叹不已,2000 年前罗马帝国所修建的大批道路在今天的意大利城市中依然发挥着重要作用。连接主要城市的道路网络促进了贸易的发展,方便了军队的调动。当时达契亚人尚未达到建设"城市"的文明程度,罗马人的到来使得达契亚的"城市化"建设得到了快速的发展,大量带有罗马元素的建筑物被建造出来:供奉罗马神灵的庙宇,圆形的露天大剧场,镶有大理石和马赛克并带有供暖系统的浴池,鹅卵石铺成的街道以及各型各色的作坊。① 然而从罗马人那里流传下来的最重要的遗产是拉丁语,今天罗马尼亚和摩尔多瓦共同使用的罗马尼亚语便是从当时罗马人所使用的拉丁语发展而来的。

① Giurescu, Constantin. *Istoria Românilor*, *Vol. 1-Din cele mai vechi timpuri până la moartea lui Alexandru cel Bun* (1432). București: ALL, 2010, pp. 133-142.

语言、信仰和民族的形成

　　由于罗马帝国在达契亚的行政管理和军队驻扎,罗马文化尤其是拉丁语广泛而深入地渗透到了达契亚。

　　达契亚省的最高行政长官由罗马皇帝亲自指派,他带领大批用于维持稳定的军队和负责征税管理的行政官员来到达契亚。罗马人习惯了罗马奢华的生活,于是开始在驻扎地建设罗马化城市,正如我们之前所提到的,圆形的露天剧院、带有供暖设施的浴池等。这些真正意义上的城市成了罗马人进行殖民统治的政治中心,其中一些则持续发展成为今天罗马尼亚的城市,如图尔达(Turda)、克卢日－纳波卡(Cluj-Napoca)①等。城市的繁华与富裕吸引来了"土生土长"的达契亚人,为了和罗马人进行交流、做贸易以及完成行政管理的必要手续,达契亚人开始学习拉丁语。达契亚人对罗马文化的适应过程,伴随着对当时最先进的罗马文化的吸收与抵制,经过 140 多年的殖民统治,达契亚人基本上被罗马文明所同化。② 在这一同化过程中,即使是罗马未占领土地上的自由达契亚人也受到了决定性的影响。③

---

　　①　这两个城市在罗马统治时期分别被称为伯塔以撒(Potaissa)和纳波卡(Napoca)。

　　②　Constantiniu, Florin. *O Istorie Sinceră a Poporului Român*. București: Univers Enciclopedic Gold, Ed. IV, 2014, p. 38.

　　③　Dragnev, Demir, et al. *Republica Moldova-25 de ani*. *Repere Istorice*. *Istoria Ştiinţei*. Chişinău: Academia de Ştiinţe a Moldovei, 2016, p. 18.

　　达契亚人从罗马人那里接收了宗教信仰、生活习惯和最关键的拉丁语。在罗马化的过程中，军队起到了重要的作用，当时从罗马来的最高行政长官允许从本地达契亚人中招募士兵，并让他们了解罗马文化，学习拉丁语，语言在罗马化过程中扮演着重要的角色。此时的罗马帝国已经延伸至非洲和中东地区，罗马人将其他占领地的人口迁移至达契亚行省。一位历史学家曾这样描写达契亚人口的复杂性："（人口）来自整个罗马帝国的所有角落。"①将不同地域的人口迁移到达契亚省主要有两个目的：一是补充劳动力，对新近攻占的达契亚行省进行自然资源的开采，达契亚王国自身的富足有力地提升了罗马帝国的实力；二是利用人口的复杂性稀释达契亚人的凝聚力。人口的多样性必然导致交流的障碍，拉丁语自然成为人与人之间交流的主要媒介工具，这点正如同 13 个世纪后，英语成了整个大不列颠帝国不同殖民地之间的共同语言。

　　对于本地人的罗马化，婚姻的构建亦是重要的一步。大量罗马士兵和外来人口与当地达契亚人结合、组建家庭，新生儿通常会被赋予罗马名字并学习拉丁语。显而易见，在罗马人统治的地方，一个拥有罗马名字并会讲拉丁语的人能获得更多机会去行政机构和军队工作。经过几代人的时间，约至 3 世纪中叶，拉丁语已被达契亚人所广泛使用，如果说开始时拉丁语仅仅是作为官方语言通行于行政机构、军队、司法及商业活动中，那么这时它已变成了达契亚家庭的日常交流语言，至此达契亚

---

　　① Eutropius，4 世纪罗马帝国晚期的历史学家。Constantiniu, Florin. *O Istorie Sinceră a Poporului Român*. Bucureşti: Univers Enciclopedic Gold，Ed. IV，2014，p. 38. （后者在其作品中引用了前者的话）

人已被完全同化。① 即使在 271 年罗马政权和军队退出后,拉丁语依然被保留了下来,随后逐渐形成了今日罗马尼亚和摩尔多瓦所共同使用的罗马尼亚语。② 事实上,罗马尼亚语这个名称也正是由"罗马语"演变而来的。

　　另一个对达契亚人产生重要影响的便是基督教。尽管在最初,基督教是由罗马军团和其他被迁移人口中的基督徒所带入,但达契亚人开始大规模信仰基督教是在罗马人放弃达契亚之后,即在 4 世纪和 5 世纪初。这是因为直到 4 世纪,基督教在罗马帝国都是被禁止的,信仰基督教的人会被残酷迫害或遭到诸如被投放到角斗场和狮子进行决斗的严厉惩罚,然而基督教徒从未停止过地下布道。直到 313 年《米兰赦令》(*Edict of Milan*)颁布,罗马皇帝承认了基督教的合法地位,允许基督教徒们拥有礼拜的自由之后,基督教在欧洲大陆才真正开始繁荣起来。达契亚人早先对灵魂永生和至高无上神明的信仰背景,使得他们更容易被劝化而皈依基督教,这极大地促进了基督教在这一地域的发展。

　　在罗马帝国统治期间,东部包括达契亚在内的行省经常受到自由达契亚人和外来移民的侵扰,对边界安全造成了威胁。周边的环境急需帝国从罗马调遣大量兵力和财力来确保漫长边界线的安全,然而在 3 世纪下半叶,罗马帝国由于内部的诸多因素,国力衰退,无力再提供维持周边地区安全稳定的军力和财力。在外部侵扰不断的情况下,271 年,罗马不得不放弃在

　　① 　Giurescu,Constantin. *Istoria Românilor*, *Vol. 1-Din cele mai vechi timpuri până la moartea lui Alexandru cel Bun* (1432). Bucureşti: ALL, 2010, p. 147.

　　② 　出于政治原因,现在的摩尔多瓦宪法中规定摩尔多瓦国家语言为摩尔多瓦语,关于这一点,我们将在本书的中篇进行阐述。

达契亚的行政管辖权,并将军队撤回到多瑙河这一天然屏障的西侧。军队的撤出使得居民们更加无力抵抗蛮族的入侵,罗马人撤退时带走了大量财物、匠人和技术,这使得这片土地丧失了发展的基础,达契亚随之开始衰败。

尽管在漫长的历史长河中,罗马统治达契亚的时间相对并不长,约为170年,然而对这片土地的深远影响却持续到了现在。从2世纪初罗马帝国征服达契亚王国开始,一直到6世纪斯拉夫人入侵,这一阶段成了罗马尼亚民族和罗马尼亚语形成的第一阶段,此处的罗马尼亚民族包含了摩尔多瓦人,摩尔多瓦人和罗马尼亚人同宗同源,同为达契亚人的后代。根据罗马尼亚专家的研究,今天的罗马尼亚语中有超过2000个单词是从拉丁语演变而来的,而从达契亚语演变而来的单词只有160—170个,显然这一研究结果揭示了拉丁语在罗马尼亚语形成和发展中的重要地位。[①]

在罗马政权和军队离开达契亚后,随之而来的便是一段时期的动荡和骚乱,动荡和骚乱并非来自已经罗马化的达契亚人,而是来自一波又一波游牧民族的侵扰。这期间有来自日耳曼的哥特人、伊朗高原的萨尔马提亚人(Sarmatians)、亚洲的阿瓦尔人(Avars)和里海的匈人(Huns,部分学者认为匈人就是中国史书中记载的匈奴人)。其中以匈人最为凶残,人们对匈人军队所犯的抢劫和暴行感到震惊,皆处于对匈人军队威力的恐惧之中,"匈人铁骑所到之地寸草不生"这样的描述在当时广为流传。匈人向西攻打欧洲,踏过达契亚,将烧杀掠夺的火一直烧到了巴黎。然而匈人的统治并未持续多久,在5世纪中

① 这2000多个单词是指基础单词,并未计算由这些基本词根衍生出来的更多词汇。Constantiniu, Florin. *O Istorie Sinceră a Poporului Român*. Bucureşti: Univers Enciclopedic Gold, Ed. IV, 2014, p. 39.

叶,匈人帝国便因自身内部的矛盾而迅速崩溃瓦解。

　　6 世纪至 7 世纪,在今日波兰和乌克兰西部所在地的斯拉夫人(Slavs)大举南下,当时的斯拉夫人被更先进的拜占庭文明所吸引,想要越过多瑙河,入侵拜占庭。虽然斯拉夫人的目标并不是达契亚,而是位处巴尔干半岛南部的拜占庭,但要抵达拜占庭帝国则必须穿越达契亚。大量斯拉夫人向南迁移,在达契亚遗留下了数量并不庞大的斯拉夫人,这些残留下来的斯拉夫人逐渐融合进了罗马化的达契亚文化中,这才使得今日罗马尼亚和摩尔多瓦共和国所使用的罗马尼亚语中保留了拉丁语的根系。[1] 但巴尔干半岛的整体情况却截然不同,原本已罗马化的居民因大量斯拉夫人的涌入反而被斯拉夫化,今天巴尔干半岛大多数国家所使用的语言均属斯拉夫语系。这些国家有保加利亚、马其顿、塞尔维亚、黑山、波斯尼亚和黑塞哥维那、克罗地亚以及斯洛文尼亚。这样的地缘格局使得罗马尼亚和摩尔多瓦共和国变成了巴尔干半岛"斯拉夫海洋"中的拉丁岛屿。

　　相对于其他种族,斯拉夫人和罗马化的达契亚人共同生活的时间更为长久,关系也更为紧密。这一点通过今天罗马尼亚语中所含的斯拉夫语比重便可见一斑。在罗马尼亚语最重要和最常用的 1000—1500 个单词中"60％源于拉丁语,20％源自斯拉夫语"[2]。自然,语言的吸收融合需要时间,如此多的斯拉夫词语并非一夜间融入了罗马尼亚语中,而是经过了长达数个世纪的时间。罗马化的达契亚人与斯拉夫人的融合成为形成

---

[1]　Constantiniu, Florin. *O Istorie Sinceră a Poporului Român*. Bucureşti: Univers Enciclopedic Gold, Ed. IV, 2014, p. 55.

[2]　Rosetti, Alexandru. *Istoria Limbii Române*, Vol. 1-*De la origini pînă la începutul secolului al XVII-lea*. Bucureşti: Editura Ştiinţifică şi Enciclopedică, 1986, p. 172.

罗马尼亚民族和罗马尼亚语的第二阶段,这一融合阶段中,罗马化的达契亚人抵御住了外来移民的同化,维持了已属于自己民族的特质——罗马化。历史学家和语言学家的研究表明,"罗马尼亚人"这一称谓首次出现是在 8 世纪至 9 世纪间,这也是罗马尼亚民族和语言形成的最后一个阶段。[①] 罗马尼亚人也被同时期的其他民族称为诸如:瓦拉几亚(Walachians)、瓦洛赫(Vlachs,Volohi)、奥拉赫(Olahs)和布拉赫(Blahas)等。但是历史学家表明"他们总是自称为罗马尼亚人"[②]。罗马尼亚人是一个统称[③],按地理区域划分,居住在蒙特尼亚(Muntenia,当时罗马化达契亚人所在的一个区域,今为罗马尼亚的一个区域)的人也被称为蒙特尼亚人,居住在特兰西瓦尼亚(Transylvania)的人也被称为特兰西瓦尼亚人,摩尔多瓦人则来自摩尔多瓦这一区域。

根据一些历史学家和语言学家的研究,当时后撤到多瑙河西岸的罗马军队并未对入侵的蛮族开战,具有讽刺意义的是,罗马军队的不抵抗反而促成罗马化在喀尔巴阡-多瑙河(Carpatho-Danubian)这一地域得以延续下来。因为"如果当时罗马军队在这里进行抵抗,战争可能会彻底摧毁已罗马化的人口,入侵的蛮族犹如湍急的洪水冲向脆弱的水栅栏一般,栅栏必将荡然无存。……被罗马放弃的达契亚地域辽阔,这使得蛮

---

① Dragnev, Demir, et al. *Republica Moldova 25 de ani: Repere Istorice, Istoria Științei*. Chișinău: Academia de Științe a Moldovei, 2016, p. 19.

② Constantiniu, Florin. *O Istorie Sinceră a Poporului Român*. Ed. IV, București: Univers Enciclopedic Gold, 2014, p. 57.

③ Giurescu, Constantin. *Istoria Românilor, Vol. 1-Din cele mai vechi timpuri până la moartea lui Alexandru cel Bun* (1432). București: ALL, 2010, p. 159.

族们畅通无阻地分散到各个方向。蛮族不再是集中而强悍的力量，就如同海浪冲过沙滩一样"①。换句话说，罗马化的达契亚人与蛮族的"和平共处"确保了前者的延续。

近 1000 年里，从 271 年奥勒良（Aurelian，罗马皇帝）的撤退到 1241 年鞑靼人的大举入侵，形形色色的人口经过了这片罗马尼亚人所居住的土地。在 7 世纪，说古土耳其语的移民经过这里前往巴尔干半岛南部今天保加利亚所在的地方，成为古时的保加利亚人，但他们后来被斯拉夫人同化了。今属于摩尔多瓦共和国南部的土地肥沃多产，非常适宜耕种和畜牧，富饶的土地使得部分说古土耳其语的移民在此驻足，且永远地留了下来。随后从亚洲来的一些人也在此处定居，然而未过多久，这些亚洲人便因佩切涅格人（Pechenegs）的攻击而逃亡，他们渡过多瑙河，最终于 896 年定居于今天匈牙利所在的地方。佩切涅格人是讲古土耳其语的西突厥的一个分支。佩切涅格人控制了整个罗马尼亚人的领土，在佩切涅格人统治前，罗马尼亚民族已经形成。佩切涅格人的统治一直持续到他们被库曼人（Cumans，古代中亚地区的突厥语民族之一）赶走，1065 年，佩切涅格人在库曼人的攻击下越过多瑙河向西逃窜，深入欧洲，然而佩切涅格人并未对今天欧洲人的形成产生影响，因为当他们越过多瑙河进入拜占庭帝国时便受到了阻击并在耗时长久的战争中被逐渐歼灭（1123 年）。②这场战争在拜占庭的编年史中被称为"佩切涅格人的终结"。与

①　Sextil Puscariu，语言学家和文学历史学家，19—20 世纪的罗马尼亚院士。Constantiniu，Florin. *O Istorie Sinceră a Poporului Român*. Bucureşti：Univers Enciclopedic Gold，Ed. IV，2014，p. 44.（后者在其作品中引用了前者的话）

②　Giurescu，Constantin. *Istoria Românilor*，Vol. 1-*Din cele mai vechi timpuri până la moartea lui Alexandru cel Bun*（1432）. Bucureşti：ALL，2010，p. 245.

佩切涅格人同属突厥语民族的库曼人在罗马尼亚族生活的土地上统治了约 200 年,直到 1241 年鞑靼人的攻入,罗马尼亚族又转而被鞑靼人所统治。

在佩切涅格人统治期间,在全欧洲范围内发生了一件基督教史上具有转折性的事件,这也促进了欧洲国家格局的形成。1054 年,基督教分裂为两大派系:天主教占据了欧洲西部的大部分地区,而东正教则占据了欧洲东部。事实上,基督教的分裂始于 395 年,当时处于内忧外患压力之下的罗马帝国,分裂为两个行政主体,其中分裂出来的行政中心向东迁移至君士坦丁堡。方便起见,人们将罗马帝国的西部地区称为西罗马帝国,东部地区称为东罗马帝国或拜占庭帝国。行政区域的分化导致了教廷的分化,西罗马帝国的教廷使用拉丁语,东罗马帝国的教廷则使用希腊语。随着时间的推移,西罗马教廷向东传教,最终通过匈牙利,抵达罗马尼亚族居住的地区,而东罗马教廷向西北方向传教,通过保加利亚也抵达了罗马尼亚族居住的地区。不言而喻,两大教廷的势力于 11 世纪在这片土地上碰撞了。

当时,基督教的分裂轨迹沿着喀尔巴阡山分割了罗马尼亚族生存的空间。基督教两大分支的对抗,影响了后来罗马尼亚族的生存环境,对这个民族在宗教层面上的紧张态势影响深远。这样的对峙情形一直持续到了 18 世纪末 19 世纪初。用摩尔多瓦史学家乌拉德·米斯科夫卡(Vlad Mischevca)的话来描述就是“这一时期(18 世纪末 19 世纪初),‘东正教’(宗教)意识正在转变成‘民族意识’”[①]。

---

① Vlad Mischevca. "Drapelul de Stat al Republicii Moldova-la un sfert de veac! (1990—2015)". *Literatura și Arta*, 2015, 18 (3635), p. 1.

　　"罗马尼亚族生于基督教"这句话在罗马尼亚族人中广为流传，这是因为早在罗马尼亚族形成之前，4 世纪末和 5 世纪初罗马化的达契亚人就已经开始信奉基督教。他们对基督教的信仰要远远早于周边的其他族群，保加利亚人是在 9 世纪下半叶开始信仰基督教的，匈牙利人对基督教的信仰则始于 10 世纪末期。保加利亚人吸收了拜占庭教廷的教义后将拜占庭教廷的影响力扩展到了罗马尼亚族中。来自保加利亚的传教士在罗马尼亚族中广为布教，罗马尼亚族人诵习来自拜占庭教廷的经文并开始遵循拜占庭教廷的教堂仪式。出于这样的原因，罗马化的达契亚人或后来的罗马尼亚族人在教会活动中开始使用古斯拉夫语，但古斯拉夫语并未取代拉丁语成为人们的日常用语。1001 年，匈牙利的伊斯特万一世大力推广基督教，并因此受到罗马教皇的加冕。为了扩张他的统治，伊斯特万一世征服了居住在喀尔巴阡山所环绕地域的罗马尼亚族人，这一地域即所谓特兰西瓦尼亚。在 1054 年基督教大分裂之后，东正教势力范围和天主教势力范围便以喀尔巴阡山为界，这使得罗马尼亚族人的居住地也暂时性地被分裂开来。

　　然而由于当时的库曼人以及后来的鞑靼人都勇猛强悍，匈牙利人始终无法越过喀尔巴阡山继续扩大天主教的势力范围。库曼人和鞑靼人的"阻挠"对这一地区后续的历史产生了重大的影响，主要表现在两个方面：其一，喀尔巴阡山南部和北部的地区保持了东正教的信仰，这一信仰一直维持到了今天。其二，不同于匈牙利王国，"马背上的草原人对所占领的版图只是进行名义上的统治，他们仅仅是想获得贡品和好处"[1]，游牧民

---

　　[1]　Constantiniu, Florin. *O Istorie Sinceră a Poporului Român*. Bucureşti: Univers Enciclopedic Gold, Ed. IV, 2014, p. 67.

族这种松散的统治使得喀尔巴阡山外部的人口获得了组建自己"国家"的机会。在游牧民族的"保护"和"放任"下,本地人口中的精英开始变得强大,本地人的物质水平得以提高,军事力量也得到了加强,这为罗马尼亚民族在中世纪时期能够发展出自己的政治形态创造了先决条件。

摩尔多瓦公国的建立

从喀尔巴阡山到德涅斯特河,这一片土地的千年历史深深烙下了人类迁移的痕迹。在这 1000 年的动荡岁月中,标识民族性的三大特征——种族身份、语言身份和宗教身份形成了,然而政治身份却因烽火连天的战局而长期未能形成。游牧民族的入侵使得这片土地丧失了建立中央政权的条件,并且因当时由罗马人统治而新兴的城市化建设也被彻底摧毁。在战乱的年代里城市更容易成为侵略者的攻击目标,人们被迫离开城市分散到村落中去求生。由于游牧民族松散的管理,渐渐地,"村落在一种基于自治理念的模式下联合成社区,村落中的头领或长者便成了社区的领导者,组织和管理社区中的经济与生活"①。在游牧民族掌权的末期,村落社区演化出了"持有行政、司法和军事大权的精英阶层"②。在喀尔巴阡山脉以东的区域,包括今天摩尔多瓦共和国所在之地开始有早期政治形态出现。在 14 世纪中叶,这片土地上首次出现了一个独立统一的国家——罗马尼亚公国(Ţara Românească)。在罗马尼亚成为一个国家(1330 年)后几年时间内,位于其东部的摩尔多瓦公国

① Anatol Eremia. "Lexicul Social-Istoric în Toponimia Românească Pruto-Nistreană". *Revista de Lingvistică şi Ştiinţ literară a Academiei de Ştiinţe a Moldovei*, 2008, 1-2 (235-236), p. 79.

② Constantiniu, Florin. *O Istorie Sinceră a Poporului Român*. Bucureşti: Univers Enciclopedic Gold, Ed. IV, 2014, p. 62.

(Țara Moldovei,摩尔多瓦公国的领土范围远大于今日的摩尔多瓦共和国)也相应建立起来,这是"摩尔多瓦"作为一个国家名字首次出现在历史上。当时一些周边的民族为了区分这两个罗马尼亚族国家,将摩尔多瓦公国叫作罗索瓦洛赫(Rosso Vlachs),其意为靠近斯拉夫的瓦洛赫,将罗马尼亚公国叫作瓦拉几亚(Wallachia)、乌格鲁瓦洛赫(Ungro Vlachs),其意为靠近匈牙利的瓦洛赫。同一民族以多个国家(政治)的形态存在,这在中世纪是一种常见的现象,比如今天的意大利、西班牙、德国等。罗马尼亚民族的这一情形一直持续到了 19 世纪。在 19 世纪中叶,罗马尼亚民族实现了部分统一,并于 20 世纪初实现了完整统一。

至于摩尔多瓦公国的建立,则得益于当时国内外的局势。自从匈牙利控制了喀尔巴阡山所围绕的地区后,金戈铁马的鞑靼人便时常对其侵犯掠夺,这给罗马尼亚人的宗主国匈牙利带来了巨大的困扰。匈牙利人曾几次发起诛讨鞑靼人的战争,希望能够赶走鞑靼人并扩展疆土,然而凶猛的鞑靼人一次又一次击败了匈牙利军队。到了 14 世纪上半叶,鞑靼人在欧洲的力量开始弱化,借此机会匈牙利军队成功将鞑靼人逼撤至德涅斯特河。[①] 为了维持东部刚刚攻占下领地的边界稳定,匈牙利将东部的一片地域作为军事防御地带单独划分出来,并敕封罗马尼亚族贵族德拉古斯·沃达(Dragoș Voda)为该区域伯爵(1347 年)。因这一区域有条叫摩尔多瓦的河流穿过,因此该区域也被叫作摩尔多瓦,德拉古斯成为摩尔多瓦的第一位统治者。摩尔多瓦本地人对匈牙利的宗主权非常不满,反抗叛乱随

---

① Ureche, Grigore. *Letopisețul Țării Moldovei*. Chișinău: Cartea Moldovei, 2012, p. 9.

之而起，但都被匈牙利军队镇压了下去。匈牙利军队的镇压进一步激化了当地人对匈牙利的仇恨心理，1364—1365 年的冬天，另一位名叫博登（Bogdan）的罗马尼亚贵族，因不满匈牙利的统治，放弃了自己在特兰西瓦尼亚的土地，带领人马翻过喀尔巴阡山来到摩尔多瓦，他联合了本地的反叛力量，一场新的起义爆发了。在这场起义中，他将已继承爵位的德拉古斯之孙拉下了权力的宝座，但这也激怒了匈牙利国王，匈牙利再次挥兵南下，然而这一次胜利选择了摩尔多瓦一方。此次胜利标志着匈牙利在摩尔多瓦统治的结束，也使得欧洲东南部的摩尔多瓦作为国家的形态存在合法化了。"1365 年，匈牙利承认摩尔多瓦为一个独立的国家。14 世纪末，摩尔多瓦公国的疆土扩展到西至喀尔巴阡山，东至黑海，政体也越发巩固，成为一个被邻国承认的中世纪国家。"[①]

摩尔多瓦公国与瓦拉几亚公国的命运在历史上紧密相连，两个罗马尼亚族国家经历了许多类似的过程，面临过相同的外部和内部危险，平行发展并相互影响。今日的摩尔多瓦共和国所在的土地仅为摩尔多瓦公国时期领土的一小部分。

在当时，摩尔多瓦公国统治者们的头衔尚不明确，他们既不被称为国王，也不被叫作皇帝，而是被称为"大公"。不论使用什么头衔，毋庸置疑的是他们拥有皇权的本质。大公的加冕礼分为两部分。第一部分在城墙之外进行，所有的贵族、朝臣和军队均须参加。这一部分继承自罗马帝国，当有新任的大公上台时，此人须从城外进入代表皇权的城内，从而皇权加身，成为一国君主。在从城外进入城内这一过程中，有一重要环节就

---

① Dragnev, Demir, et al. *Republica Moldova-25 de ani*. *Repere Istorice*. *Istoria Științei*. Chișinău: Academia de Științe a Moldovei, 2016, p. 20.

是即将上任的大公须由将士们举在盾牌上进入城内,这一环节表达了军队对大公的忠诚和大公至高无上的权力。第二部分也是加冕礼最重要的部分,在大教堂中完成。这一宗教性的典礼由大主教亲自主持,其他的主教、神职人员、皇家理事和朝臣们簇拥着大主教与受冕者。仪式的高潮到了,大主教为受冕者行受膏①礼,同时全体向神祷告。随后,在教堂的中心,大主教将金灿灿的皇冠戴在受冕者头上,并将权杖递交给他。受冕者登上教堂中代表神权的宝座,从这一刻起,他被赋予了国君的所有权力,成为大公。大公拥有着绝对的权力,包括对社会所有阶层所有人的生杀大权。在加冕仪式后大公亦被称为上帝授冕的人,全体臣民皆须臣服于他。

摩尔多瓦公国的贵族多为拥有众多土地的人。尽管大公权势煊赫,但贵族们依然对大公具有一定的影响力,从某种程度上来说他们处于一种相互依存的状态。战事期间,贵族们必须从其所拥有的土地上招募壮丁以充军力,同时贵族们还被强制要求在军营中与大公同仇敌忾。在和平时期,贵族们需要处理他们自己土地上农民之间的各类纠纷,这就如同一个小的"自治区"一般。作为对大公的顺从,贵族们总是期盼能够得到"大公的恩典",换句话说希望大公能够赏赐其额外的土地、财富、牲畜、奴仆以及减免税务等。然而贵族和大公之间关系恶化的情况也不在少数,不忠的贵族通常会受到严厉惩罚,甚至被处死;当然,大公亦有被贵族们联手废除的情况,甚至死于贵族们的密谋叛变。社会底层的人则是为贵族们工作的务农者。这些务农者主要分为两类。一类为"长工",他们从贵族那里领

---

① 受膏是用芳香的油、奶、水、融化的黄油或其他物体滴在受膏者头上,以示为其引入了神圣的力量。

到土地,年复一年甚至世世代代在这片土地上耕作。另一类则为"短工",他们仅在贵族们需要额外劳动力的时候才有工作的机会。这些务农者须向贵族和教会支付税款,缴纳税额为其劳动产出的十分之一。贵族们亦须向国家和教会缴纳税金。关税是摩尔多瓦公国财政收入的另一项重要来源,当时摩尔多瓦公国拥有多瑙河和德涅斯特河在黑海入海口之间的海岸线。"摩尔多瓦曾处于连接波罗的海和黑海经济带的末端,起着保护者的作用,以基利亚城堡①(Chilia Citadel)和阿尔巴城堡②(Cetatea Albǎ)为终点的贸易之路被称之为'摩尔多瓦之路'。"③因拥有这两座对经济起着至关重要作用的城堡,在很短的时间内,摩尔多瓦公国的经济便得到巨大发展,甚至一度成了波兰王国的放贷方。

　　从地缘政治上来说,中世纪的摩尔多瓦公国处于西方邻国匈牙利王国和东北方向波兰王国复杂关系的十字路口,14世纪下半叶奥斯曼帝国开始向北方巴尔干半岛进行疯狂的扩张,15世纪起摩尔多瓦公国不得不面对来自南面奥斯曼帝国的威胁。三个强大的帝国都想将自身的影响力通过武力和外交的途径施加给摩尔多瓦公国和瓦拉几亚公国。在大国与小国的相处中,大国往往具有压倒性的优势,而小国则只能依靠智慧的外交策略以求生存。处于三大势力夹层中的摩尔多瓦公国别无选择,唯有通过巧妙地施展外交手段,只在必要时才采取战争手段来维护自身主权,从而确保国家的独立。

　　摩尔多瓦公国的第二任大公彼得一世(Peter I)在其短暂

---

①　多瑙河黑海入海口,曾为一商贸兼军事防御的城堡。

②　德涅斯特河黑海入海口,曾为一商贸兼军事防御的城堡。

③　Constantiniu, Florin. *O Istorie Sinceră a Poporului Român.* București: Univers Enciclopedic Gold, Ed. IV, 2014, p. 76.

的执政期间(1367—1368 年),建立了摩尔多瓦东正教大主教堂,并任命他的亲戚为大主教。这使得摩尔多瓦公国陷入了长达 10 年的争议之中,来自君士坦丁堡的教廷势力否认了彼得一世任命大主教的权力。然而拥有大主教堂,即使是未被认可的,"也对该国与外部世界,尤其是东正教国家的联系起到了很大的作用"①,并且成了政治上国家身份合法性的来源。他的后继者拉茨库(Lațcu)为了平衡摩尔多瓦公国与匈牙利-波兰帝国②的关系,尝试从罗马获得保护,下令建立天主教大教堂。然而这场变更宗教信仰的运动纯粹是出于政治考量,公国的民众并未遵循大公的旨意,拉茨库也未真正向民众施压以改变其信仰。当时拉茨库的妻子亦拒绝改信天主教,为此拉茨库特向罗马教皇请求解除他与妻子的婚约③,但教皇予以拒绝并称"婚姻的结合是神圣和不可逆的"④。拉茨库过世后,他被埋葬于东正教教堂中而非他所修建的天主教教堂中。他的皇位继承人彼得鲁·穆萨特(Petru Mușat)没有继续弘扬天主教,同时停止了亲匈牙利王国的国策,转而承认波兰王国为其宗主国(1387年)⑤,意图通过波兰王国来牵制匈牙利王国,以此缓解匈牙利王国对摩尔多瓦公国的威胁。彼得鲁·穆萨特同波兰国王保持了友好的关系,他曾为波兰国王出借"3000 银圆,这在当时是

---

① Țurcanu, Ion. *Istoria Românilor. O privire mai largă asupra culturii*. Brăila: Istros, 2007, p. 60.

② 当时的匈牙利王国与波兰王国合并在一起,由同一皇帝统治。

③ 大公的婚约是由教皇主持缔结的,所以也只能由教皇解除。

④ Hurmuzaki, Eudoxiu and Densușianu, Nicolae. *Documente Privitoare la Istoria Românilor. Vol. 1-Partea 2. 1346—1450*. București: Academia Română și Ministerul Cultelor și Instrucțiunii Publice, 1890, p. 197.

⑤ 匈牙利-波兰帝国已经分裂为匈牙利王国和波兰王国。

一笔数额巨大的款项"①。

另一名被叫作"善人"亚历山德鲁（Alexandru）的大公，因在匈牙利王国与波兰王国之间通过外交来平衡外部力量而被后人所称赞。亚历山德鲁的做法在当时是正确的，这为公国带来了和平，也为他带来了超过 30 年的执政期，人们因此称他为"善人"。他多次申明附属于波兰王国并向其进贡以表忠心，甚至派兵参与波兰王国与他国的战事。在匈牙利王国与波兰王国两个均想统治摩尔多瓦公国的竞争者之间周旋，亚历山德鲁甚至曾同意成为两个强国共同的附属国。夹在邻近两个竞争强国之间对摩尔多瓦公国而言是危险的，但历史证明更危险的是两个强国由竞争转为合作。1412 年春天，当奥斯曼帝国的威胁变得更加真实以后，为了避免来自奥斯曼和波兰-摩尔多瓦的双重攻势，匈牙利国王西吉斯蒙德（Sigismund）与波兰国王瓦迪斯瓦夫二世·雅盖沃（Wladyslaw II Jagiello）在鲁勃劳（Lublau）签署了一份《鲁勃劳协约》，协约中加入了一项秘密条款，即匈牙利王国承认波兰王国对摩尔多瓦公国的宗主权，但附带一项条件：作为摩尔多瓦公国的宗主国，波兰王国必须强制亚历山德鲁在西吉斯蒙德受到土耳其人攻击时派兵相助。如果摩尔多瓦大公未履行这项约定，则协约的签字人（匈牙利王国和波兰王国）须出兵摩尔多瓦公国，将摩尔多瓦大公赶下王位并分割摩尔多瓦公国②，公国西部地区归属匈牙利王国，东

---

① Giurescu,Constantin. *Istoria Românilor*, *Vol. 1-Din cele mai vechi timpuri până la moartea lui Alexandru cel Bun* (1432). Bucureşti: ALL, 2010, p. 350.

② Florin Constantiniu and Şerban Papacostea. "Tratatul de la Lublau (15 martie 1412) şi Situaţia Internaţională a Moldovei la Începutul Veacului al XV-lea". *Studii. Revista de Istorie*, 1964, 5(17), pp. 1129-1140.

部地区归属波兰王国。《鲁勃劳协约》中分割摩尔多瓦公国的条款并未得到实施,因为亚历山德鲁履行了"承认波兰王国为宗主国"所须承担的义务,与此同时波兰、匈牙利王国之间的分歧事实上大于它们之间的共同利益。摩尔多瓦公国与波兰王国之间的关系因 1429 年"善人"亚历山德鲁发现了波兰国王与匈牙利国王的密谋后开始恶化,自此亚历山德鲁再也没有承认波兰王国对其的宗主权,并开始寻找方法弱化波兰王国对摩尔多瓦公国的控制:或是在匈牙利王国困难时走近匈牙利,或是支持波兰王国势力内部的反对派力量——立陶宛大公国①。摩尔多瓦-波兰契约最终在 1431 年立陶宛大公国与波兰王国展开对抗时因亚历山德鲁站在了立陶宛大公国一边而被撕毁。亚历山德鲁随即与立陶宛大公国联合对抗波兰王国,但亚历山德鲁本人在波兰王国最终取得胜利前便离世。他的离世给摩尔多瓦公国内部带来了混乱,匈牙利和波兰均试图乘机扶植听命于自己的新一任大公。"善人"亚历山德鲁之所以留在历史的记忆中,还因其在位期间摩尔多瓦公国和奥斯曼帝国的首次军事对抗(1420 年),不过在对抗奥斯曼帝国时表现出无比英勇和非凡智慧而誉满欧洲的却是他的孙子——"伟人"斯特凡大公(Stefan cel Mare)。

①　当时波兰王国与立陶宛大公国联合,成为波兰-立陶宛联邦。

斯特凡大公与奥斯曼帝国的斗争

　　经过 30 年的稳定期,摩尔多瓦公国经济繁荣,然而随着"善人"亚历山德鲁的过世(1432 年),摩尔多瓦公国也进入了其历史上的一段黑暗时期。当时因未有如同西欧国家那样"长子继承王位"的明文规定,王位的继承问题演变成了一场内部的政治斗争。任何只要能够证明自己拥有皇室血统的男性均具有继承王位的资格,包括在位大公的兄弟、儿子、孙子甚至是私生子,最后这些候选人之间的差异主要在于贵族们对其支持程度以及周边强权们对其扶植力度的不同,这种状况极易造成皇室成员为争夺皇位而做出损害国家利益的事情。"善人"亚历山德鲁死后,他的两个儿子伊利亚斯(Ilias)和斯特凡二世(Stephen II,斯特凡二世并非斯特凡大公)自行完成了匈牙利王国和波兰王国在亚历山德鲁在位期间想要做的事情——分割摩尔多瓦公国。由于未能决出由谁来继承王位,他们将公国一分为二,北部由伊利亚斯来管理,南部由斯特凡二世来管理,1435 年他们分别建立了自己的政权。然而不可调和的是他们都不愿与自己的兄弟分享国家,1442 年斯特凡二世将伊利亚斯控制后残忍地挖去其双眼,登基成为大公。这样的罪行很快便得到了报应,仅仅 5 年之后(1447 年),伊利亚斯的儿子洛曼(Roman)在波兰王国的支持下推翻了斯特凡二世,并将其头颅砍下。

　　随后公国再次经历了被短暂分割的命运,这次是在洛曼和他叔叔彼得(Peter)之间进行的。随后的一段时间内国家政权一直处于断断续续的状态,在这期间"善人"亚历山德鲁的儿子博登二世(Bogdan II)为了阻止波兰人在摩尔多瓦公国建立傀儡政权一直与波兰进行斗争,但博登二世的死却极其不公,1451年他在一位贵族家中赴宴时被哥哥彼得鲁·阿劳恩(Petru Aron)杀害。博登二世的家人,包括他的儿子斯特凡被迫逃亡到特兰西瓦尼亚,随后又辗转进入瓦拉几亚公国。与此同时彼得鲁·阿劳恩想要扩展他的版图,但这需要应付来自内部和外部的双重阻力,为此彼得鲁·阿劳恩不仅向波兰王国宣誓效忠,1456年还开始向奥斯曼帝国进贡,成为摩尔多瓦第一个向土耳其人进贡的君主,当时奥斯曼帝国的影响力已经延伸至摩尔多瓦公国的边境。事实上西侧的瓦拉几亚公国早就感受到来自奥斯曼帝国的压力,在与土耳其人数次交锋后,最终不敌敌人的炮火,为争取和平在1418年便开始向土耳其人进贡。彼得鲁·阿劳恩的统治未能持续几年,1457年博登二世的儿子斯特凡带兵6000人,其中1000人来自瓦拉几亚大公的援助,在彼得鲁的住处对其发动袭击,虽未能捕获彼得鲁,但成功结束了彼得鲁的统治。彼得鲁后来数次集结兵力试图恢复他的统治地位,但均未获得成功,最终逃亡至波兰。

　　1457年,博登二世的儿子斯特凡举行受膏仪式,宣告成为摩尔多瓦公国的大公——斯特凡三世。在摩尔多瓦公国的历史上,斯特凡三世拥有最长的在位时间——47年。在这47年里摩尔多瓦公国的国力达到了顶峰,同时在欧洲范围内也赢得了受人尊重的声誉。通过谨慎、精明地制定内政和外交政策,斯特凡大公确保了公国社会和政治的稳定;他还特别关注公国经济组织的发展和民生问题;增强了公国的军队和国防体系;指挥了抗击奥斯曼帝国的主要战役;建造了超过40座教堂,其中部分教堂已被联合国教科文组织列入世界文化遗产。对于他做出的辉煌功绩,历史冠以他最高的称谓——"伟人"(cel Mare),并将他与拜占庭的君士坦丁大帝、俄罗斯的彼得大帝、马其顿的亚历山大大帝等并肩而列。1992 年 6 月 20 日,罗马尼亚东正教大教堂封他为"圣者"(cel Sfînt)。关于"伟人"斯特凡大公的记忆至今依然广泛地流传于罗马尼亚共和国和摩尔多瓦共和国,两个国家内均可看到大量纪念斯特凡大公的塑像和纪念碑,不仅如此,重要的街道、教育机构也多以斯特凡命名。今天摩尔多瓦共和国所使用的各类纸币上均印有斯特凡大公的肖像。

对斯特凡大公最著名的一段描述来自古时摩尔多瓦的一位作家,他写道:"这位斯特凡并非高大魁梧,而且易怒,甚至经常在为王公贵族们设宴时草率夺人性命。然而他并非是无理性的,他精力充沛且充满智慧,总是让人意想不到。在军事上,他才华横溢,战争期间为了鼓舞部众士气,必要时他总能亲临战场,这使得他很少有战败的经历。即使在战败之时,他也决不轻言放弃,终将踩在胜利者的肩膀上重新站立起来。"[1]对于这段话一开始有关"草率夺人性命"的描述并不应按暴君来理解,而应从时局来考虑。在斯特凡大公掌权之前,摩尔多瓦公国在封建社会无政府的状态下已经度过了四分之一个世纪,贵族们结党营私已近乎常态,斯特凡只能通过铁腕措施力挽狂澜,阻止事态进一步恶化。从这个角度来看,斯特凡看似"跋扈恣睢"的政策确实起了作用,他在位的近 50 年中,来自贵族们的密谋反叛只出现了两次且均以失败告终。一次发生在 1471

---

[1]　Ureche, Grigore. *Letopisețul Țării Moldovei*. Chișinău: Cartea Moldovei, 2012, p. 52.

年,在摩尔多瓦公国和奥斯曼帝国之间的冲突愈演愈烈之际;另一次发生于 1504 年,在斯特凡去世的两天前,反叛贵族们试图阻止其儿子博登三世(Bogdan III)继承王权。两次反叛或在其鼎盛时期,或在其寿终正寝之时,这位摩尔多瓦大公均毫不犹豫地斩杀了密谋反叛集团的首脑,其中甚至包括他的亲属。

斯特凡为巩固自身统治而施行的铁腕政策保障了社会的稳定,权力的集中和社会的平稳为斯特凡进行改革创造了条件。斯特凡在位期间进行了多项重大改革,包括创造出一个新的社会阶层——小贵族阶层。对于平民中具有军事才能的人,斯特凡根据其能力大小给予一定的职位,从而平衡已长期存在的大贵族的势力;对于大多时间处于“自由”状态的短工务农者,给予他们耕作的土地,但要求他们必须服兵役。这样,具有军事能力的人才和短工务农者在国家中都有了一定的地位。斯特凡还通过提拔有手工技能的人,兴建集市,鼓励贸易来增强国内经济实力。公国的财政收入主要来自大的垄断行业、国内税务以及关税,当时大公不仅拥有销售食盐和白银的垄断特权,还对渔业、蜡制品以及珍稀毛皮进行垄断经营。海关方面的税收则随着基利亚城堡和阿尔巴城堡的夺回而显著增加,夺回这两座兼具集市和要塞功能的城堡对于整个国防体系的提升亦具有重要的意义。斯特凡还是摩尔多瓦历史上为数不多的铸造了自己钱币的君主,铸币彰显了公国的主权。

斯特凡大公统治期间的摩尔多瓦公国,从喀尔巴阡山东侧一直延伸至德涅斯特河,北边与波兰王国接壤,西面与匈牙利王国相邻,东至克里米亚汗国(Crimean Khanate)和立陶宛大公国,南抵黑海,西南方则紧靠瓦拉几亚公国。在今天的行政地图上,这一区域包含了罗马尼亚的东部,从摩尔多瓦共和国到德涅斯特河的领土,以及摩尔多瓦共和国向北的一部分土地和南至黑海的土地。而摩尔多瓦共和国向北的这块区域和南至黑海的这部分土地如今属于乌克兰。从地缘政治上来说,作为小国的摩尔多瓦公国时常受到邻近大国的挤压,并要应对奥斯曼帝国不断扩张而给整个东欧带来的危险,即被征服,成为帕夏里克(Pashaliks,意为奥斯曼帝国的一个省),一旦成为帕夏里克也就意味着公国将失去主权并且被强制伊斯兰化。

在斯特凡登上王位之时,摩尔多瓦公国与波兰、匈牙利王国这两个邻国的关系就已严重恶化,这使得这位年轻的大公采取了和他爷爷——"善人"亚历山德鲁一致的平衡外交策略,利用政治使公国处在两个强大力量对峙而形成的"安全网"之下。继位后的早期,斯特凡的政治方向和军事行动都主要倾向于获得外部的承认和对政权的进一步巩固,其中包括铲除他的主要竞争对手彼得鲁·阿劳恩。为达此目的,1459 年,斯特凡与波兰王国达成协议,承认波兰王国的宗主国地位,但要求波兰王国不得让彼得鲁·阿劳恩接近摩尔多瓦公国的边境。对阿劳恩而言,他并没有放弃返回公国的念头,鉴于当时波兰王国与其敌对的情势,他不得不离开波兰王国转而去了特兰西瓦尼亚,再通过特兰西瓦尼亚进入匈牙利王国。他向匈牙利君主寻求帮助,计划除掉斯特凡大公。在斯特凡从匈牙利王国手中夺回基利亚城堡和阿尔巴城堡后(1465 年),两国之间的紧张程度有增无减,这两个港口城堡对匈牙利王国的财政收入有着直接的影响,匈牙利王国的怒火很快便烧了起来。1467 年 9 月,匈牙利国王亲率大军开向摩尔多瓦,意在拿下斯特凡,立阿劳恩为大公。

当时一位著名的意大利籍匈牙利宫廷史官这样记录了摩尔多瓦公国和匈牙利王国战前的对峙形势:"在国王(匈牙利)恢复了该省(特兰西瓦尼亚)的平静后……他将矛头对准了瓦

洛赫的另一片区域,现在叫作摩尔多瓦,是斯特凡统领的那部分。为了表示对匈牙利君王的臣服,他理当进贡纳税并服从君王的旨意,但是此人猖狂而又冷酷无情,对战争狂热且善战,听不进任何话。而且,他煽动了在特兰西瓦尼亚的起义,以为扰乱(国家的)平静,他就可以尽享自由了。国王即将启程,穿越森林和山谷去将瓦洛赫的叛贼收服。"①匈牙利和摩尔多瓦军队力量的悬殊使得斯特凡这位杰出的战略家做出了先只是通过小规模的抗争阻挠、拖延敌军前行的战术。匈牙利大军毫不费力便将摩尔多瓦公国的城池一一攻下。1467 年 12 月,匈牙利大军抵达了博雅②(Baia),距离摩尔多瓦公国的首府城堡苏恰瓦③(Suceava)只有不到 30 公里的距离了,眼看匈牙利王国就要取得最终的胜利。然而由于之前攻打城池并非难事,匈牙利国王轻视了斯特凡,为此他几乎赔上了自己的性命。"12 月 14 日星期一,匈牙利国王攻下博雅后,未做任何战事准备,甚至连安全性的防御都未部署,他放任士兵掠夺民众、饮酒作乐。斯特凡获知博雅城中之情形后,于次日深夜火烧博雅城,待到拂晓之际倾全军之力杀入城中,霎时间匈牙利军队死伤遍地、哀鸿遍野。生还士兵如鸟兽散,逃亡城外,此时连公国的平民都围追堵杀匈牙利逃兵,此战歼灭匈牙利 12000 余人。匈牙利国王被弓弩重创,沿山间小道逃回特兰西瓦尼亚。"④

博雅之战取得胜利后,匈牙利王国并未将彼得鲁·阿劳恩交付斯特凡处理,为此斯特凡曾向波兰国王求助,要求其出面

① Bonfinius, Antonius. *Historia Pannonica ab origine gentis ad annum* 1495. http://archive.li/mATZ4, 2018 年 8 月 23 日。

②③ 今为罗马尼亚的城市。

④ Ureche, Grigore. *Letopisețul Țării Moldovei*. Chișinău: Cartea Moldovei, 2012, p. 30.

交涉,但这一尝试还是以失败告终。斯特凡为父亲报仇的决心未减,同时也为巩固自己的统治,他给阿劳恩设下圈套,令一些贵族给阿劳恩写信召唤他回国,"(贵族们)假意表露对斯特凡的统治不满;但在会面地点他(阿劳恩)却发现了摩尔多瓦的军队和刽子手,阿劳恩最终被刽子手斩首"①(约为 1469 年)。围剿斯特凡战役的失败和阿劳恩的死对于匈牙利国王而言代价过于沉重,以至于匈牙利从此再未对斯特凡采取过敌对行动,双方甚至在 1475 年达成了长期和平相处的协议,并协商未来结成联盟以对抗共同的威胁——奥斯曼帝国。

博雅战役之后的 20 年是斯特凡大公统治生涯中最复杂、最辉煌的时期,充满史诗性。斯特凡大公展开了与奥斯曼帝国的长期对抗,此时的奥斯曼帝国正由穆罕默德二世(Mehmed II)统领,穆罕默德二世正是君士坦丁堡的征服者。与奥斯曼帝国的抗争将摩尔多瓦公国转变成为欧洲国际关系中的一个重要角色,同时也为斯特凡大公赢得了无与伦比的声誉。在这一期间,斯特凡大公坚持不懈地与波兰和匈牙利王国协商,以求通过外交途径形成对抗奥斯曼帝国的联盟。他还努力联合其他"瓦洛赫"②公国,通过先后扶植了四名瓦拉几亚大公的方式来实现联合对抗奥斯曼帝国的目的。对于那些未能承受住来自瓦拉几亚公国内部贵族势力的压力而倒向奥斯曼帝国的君王,斯特凡通过军事行动将他们废除并再立新君。初期,为了

---

① Giurescu, Constantin. *Istoria Românilor*, Vol. 2-*De la Mircea cel Bătrîn și Alexandru cel Bun pînă la Mihai Viteazul*. București: ALL, 2010, p. 46

② Eremia, Ion. *Un Popor Împărătesc pe Teritoriul Imperiului Rus în Secolul al XVIII-lea-Naţiunea Română*. Constantin Manolache. Ed. *Orizonturi Medievale și Modern în Istoria Românilor*. Chișinău: Academia de Știinţe a Moldovei, 2016, p. 30.

提升对抗奥斯曼帝国的成功概率,斯特凡甚至与地处奥斯曼帝国另一端,位于中亚的白羊王朝①（White Sheep Turkomans）联系,协商联盟之事。斯特凡的这些外交举措,包括 1473 年拒绝向土耳其人进贡纳税,导致了穆罕默德二世在 1474 年命苏雷曼（Suleiman）帕夏②率领 12 万大军攻打摩尔多瓦公国。而当时斯特凡手下只有 4 万士兵,这还包括了 2000 名波兰士兵和 5000 名匈牙利士兵。土耳其军队在数量和技术上都占有绝对优势,这是当时土耳其针对摩尔多瓦公国和瓦拉几亚公国发起的所有战争的共同特点。现代军事术语将这种情况称为非对称战争,就如同越南战争和阿富汗战争。因为军事实力极为悬殊,力量弱的一方不可能在正面冲突的战役中获胜,更不可能威胁到对方的领土,而只能将敌人引至陌生的环境,利用地形上"我知你不知"的优势并通过长期的抵抗,不断骚扰,使得敌方斗志逐步耗尽,最终放弃。实力较弱的一方虽无机会取得决定性的军事胜利,却有机会在政治层面上迫使敌人暂时性地放弃进攻或争得永久性的和平,这对于实力较弱的一方来说,其实就是战争的胜利。

在与苏雷曼的抗争中,斯特凡采用了抑制土耳其军队发挥其优势的战术。开始时斯特凡允许土耳其军队进入摩尔多瓦公国,然而他在敌军抵达一地之前便将此地的所有物品都销毁,不让土耳其军队有任何物资可利用,从某种程度上来说切断了土耳其庞大人马的粮草和物资补给,这样不仅降低了敌军前行的速度,还削弱了其战斗力。大决战爆发于 1475 年初,当

---

　　①　白羊王朝所在区域包括今日世界地图上的阿塞拜疆南部、亚美尼亚、土耳其东部以及伊拉克和伊朗的一小部分地区。

　　②　"帕夏"是古时土耳其高级官员的头衔,类似于总督、将军这一级别。

奥斯曼军队抵达一处山谷时,斯特凡早已将军队部署在山谷两侧,这一山谷也因这场战役而广为人知。当时斯特凡还拥有天时的优势,《摩尔多瓦历代记》这样写道:"上帝的意愿和人们的意愿达成了一致,一场大雾笼罩在土耳其军营,他们甚至无法看见彼此。"①斯特凡令部分军士从土耳其军营一侧冲下,同时故作声势,锣鼓震天,号角鸣响。土耳其军队未曾料到会有如此大规模的总攻出现,顿时乱作一团,士兵们四处逃散,在浓密的大雾中彼此踩踏。当时的场面是如此混乱,以至于奥斯曼史记中如是写道:"苏雷曼帕夏无法将四处逃散的士兵集合起来,不管他做出什么样的努力,经过多少次尝试,终究无法重新排兵布阵。"②此刻斯特凡命全体将士从多面同时出击,声东击西的战术奏效了,大量土耳其士兵被歼灭。包括苏雷曼在内的残兵败将,在斯特凡军队的追击下强渡多瑙河,急流飞溅的河水再次夺走了不少土耳其士兵的生命,最终只有为数不多的侥幸者生还逃出了摩尔多瓦公国。在战场上,摩尔多瓦军队收获了大量战利品,包括枪支、弹药、衣物、马匹和贵重金属。

在这场胜利之战后,谦卑的斯特凡并未骄傲自大,他依旧如故,遵循自己的信仰。这一点在波兰王国的史书中有记载:"斯特凡并未自满自负,他反而斋戒四十天,只以水和面包为食。不仅如此,他还下令全国,任何人不得将胜利归功于他,而只应归功于上帝,尽管所有人都知道那天的胜利是源自他的领

---

① Ureche, Grigore. *Letopisețul Țării Moldovei*. Chișinău: Cartea Moldovei, 2012, p. 35.

② Șemseddin Ahmed bin Suleiman Kemal. *Cronicile Dinastiei Otomane*. http://archive.li/, 2018 年 8 月 25 日。

导。"①这位波兰史记作家被斯特凡的胜利深深触动,在他的作品中曾感慨道:"啊,一个了不起的人,他不亚于任何一位曾令我们崇敬的指挥官! 在这个时代,他赢得了在这个世界里(作者的'世界'意指基督教世界)第一场对抗土耳其人的杰出胜利! 以我来看,他是最值得信任去领导和统治这个世界的人,全体基督教众应理解、建议并授予他作为指挥官战胜奥斯曼帝国这一至高无上的荣誉,因为其他国王和天主教大公们则是把时间花在无所事事和内战上。"②

斯特凡明白奥斯曼帝国的下一轮进攻难以避免,他试图以教义作信条来联合整个欧洲,要求其他国家提供帮助,甚至加入反对"土耳其皇帝这个异教徒"的斗争中。为此,他于 1475年 1 月 25 日向其他基督教君王发出一封信函,称摩尔多瓦公国为"基督教世界之大门",并警告道:"如果这扇大门被攻破,那么整个基督教世界将处于极大的危险之中。"③欧洲的君王、大公们在回复中纷纷深切表示支持并赞扬斯特凡,罗马教皇甚至称其为"基督教中的健将",然而他们的狭隘和出于自身利益的考虑却使得他们远离了战场。摩尔多瓦,作为一个小公国虽不具备其他欧洲王国那样的财力与实力,却不得不独自面对即将到来的暴风骤雨。

正如斯特凡所预料,次年(1476 年)土耳其人便挥师北上,大军压向摩尔多瓦,这一次苏丹穆罕默德二世亲自披挂上阵。

---

① Długosz, Jan. *Cronicile Poloneze*. http://archive. li/,2018 年 8 月 25 日。

② Długosz, Jan. *Cronicile Poloneze*. http://archive. li/,2018 年 8 月 25 日。

③ Gal, Ionel. *Documente Străine Despre Români*. București: Direcția Generală a Arhivelor Statului din Republica Socialistă România, 1979 , p. 56.

因土耳其大军的逼近,斯特凡召集全国的男性集中训练,进行备战。克里米亚的鞑靼人伺机而入,越过德涅斯特河在摩尔多瓦公国东部烧杀掠夺。那些本来一无所有的"自由"短工务农者,此次因为斯特凡封赏的土地和家园遭到践踏,纷纷要求返回东部家乡抵御来犯者。斯特凡明白腹背受敌将会使形势雪上加霜,便允许这些人返回保卫自己的家园,鞑靼人继而被逼退。然而因与鞑靼人交战,本来就人数不多的斯特凡军队再次缩减。奥斯曼大军终于还是到来了,这又是一场非对称战争,斯特凡采取了相同的"焦土"策略以消耗来犯的土耳其军队。作为整个事件的见证人,苏丹的一位意大利籍随行文官 G. M. 安吉洛(G. M. Angiolello)写道:"……我们进入摩尔多瓦这个国家后,发现所有的村庄和住所都被废弃,连农田都被烧毁,这是因为斯特凡认识到他无法与苏丹对抗,只得另寻他法。所以他让居民们放弃家园,越过山脉逃往波兰。……他下令将所有的农作物砍掉,甚至连沼泽中的芦苇都不曾留下,不仅如此,他还烧毁了一切,从而让苏丹中计,因为苏丹原本相信摩尔多瓦是一个农作物丰盛的国家,但现在他却发现所到之地荒无人烟,而事实上它的确物产丰盛。天空充满了焚烧后的烟尘,每当我们抵达一处栖息之地时,便会发现所有人从头到脚,脸上、衣服上均有一层厚厚的黑灰。"[1]斯特凡和他的士兵们隐藏在森林深处,伺机向在外搜寻粮草的土耳其军队发起攻击,他们将捕获的士兵不论年龄大小,活生生地剥去皮肤或用长矛刺死高高悬挂起来,以此达到向敌军内部散布恐惧和痛苦的目的。[2]

---

[1]　Constantiniu, Florin. *O Istorie Sinceră a Poporului Român*. Ed. IV, Bucureşti: Univers Enciclopedic Gold, 2014, p. 88.

[2]　Długosz, Jan. *Cronicile Poloneze*. http://archive. li/,2018 年 8 月 25 日。

很快奥斯曼军营内便充满了不安，那位见证人安吉洛描述道："苏丹大人从未下马并要求贴身侍卫寸步不离，直到军营搭建起来，卫兵全面部署完毕。"①然而军事实力上的绝对优势还是将战场上的胜利带给了奥斯曼军队。消除了行进中的阻力后，奥斯曼军队向摩尔多瓦公国的首府苏恰瓦进发了。苏丹曾尝试彻底攻占苏恰瓦，但是他的军队却因食物补给不足和瘟疫而严重丧失战斗力，城堡中的勇士们击退了奥斯曼士兵。穆罕默德二世大怒，下令火烧苏恰瓦，最终城堡周遭的城区化为灰烬，但苏恰瓦未被攻陷。在得知匈牙利和波兰的军队向其进发后，穆罕默德二世只好匆匆撤退。这次战争未达到他推翻斯特凡的统治从而让摩尔多瓦公国臣服于奥斯曼帝国的目的，也未夺下基利亚和阿尔巴这两座重要城堡。因此，穆罕默德虽然赢得了战争的胜利，却未能赢得政治层面的胜利。

　　到了 15 世纪 80 年代初期，区域形势开始发生变化。波兰王国越来越多地选择与奥斯曼帝国合作，匈牙利王国则因与奥地利王国的争斗，无力旁顾而不得不和奥斯曼帝国缔结互不侵犯条约（1483 年）。瓦拉几亚公国重新被高门政权（奥斯曼政权）控制，位于摩尔多瓦公国东侧的鞑靼汗国亦沦落为奥斯曼帝国的附庸。穆罕默德二世的继任者巴耶济德二世（Baiazid II）没有放弃对摩尔多瓦公国的征服计划，但他吸取了其父亲所犯错误的教训，在他发起的战争中他并未将军队深入摩尔多瓦国内，而是转向南部，进攻被称为比萨拉比亚（Basarabia）的区域，以猛烈的炮火攻下了基利亚和阿尔巴城堡（1484 年）。这两个经济和军事重镇的丢失再加上区域政治环境的转变，迫使斯

---

　　①　Constantiniu, Florin. *O Istorie Sinceră a Poporului Român*. Ed. IV, Bucureşti: Univers Enciclopedic Gold, 2014, p. 89.

特凡于 1487 年向奥斯曼帝国求和,通过恢复向奥斯曼帝国进贡来换取公国的独立与自治,确保国家的主权。

　　15 世纪末,一位波兰王国的意大利籍外交官卡利马科斯(Callimachus)①对于罗马尼亚人和奥斯曼帝国之间的关系做出了准确的描述:"瓦洛赫人,在他们防守住了奥斯曼帝国的进攻后,同意通过协约来不被征服,这不是被打败了,而是胜利。"②在加强了南部边境的防御措施后,斯特凡的外交努力则集中在处理北方边境的争端上。与波兰王国的关系在奥斯曼军队围攻基利亚和阿尔巴城堡时就已经破裂,因为波兰王国承诺会提供援助,却未履行自己的承诺。为了平衡周边的力量,限制波兰王国的影响力,斯特凡构建了一个包含莫斯科公国、克里米亚汗国和立陶宛大公国的联盟体系。经过了一系列战争之后,摩尔多瓦公国取得最终胜利。斯特凡对波兰王国主动采取和平外交政策,这使得在他死后(1504 年)摩尔多瓦公国仍能拥有无外部威胁的良好政治形势。斯特凡大公的离世使得臣子们极度担心美好的和平环境会丢失,当时一位摩尔多瓦史官在斯特凡离世时写道:"所有人都如同失去了父母般泣不成声。"③

　　在其辉煌的一生中,斯特凡领导了 44 场战役,其中获胜 42 场。这位伟大的君王死后被埋葬于他生前修建的普特那修道院(Putna Monastery)中,现位于罗马尼亚境内。在摩尔多瓦共和国首都基希讷乌,至今仍竖立着斯特凡大公的纪念铜像。

　　①　一位 15 世纪的意大利人文主义者。

　　②　Constantiniu, Florin. *O Istorie Sinceră a Poporului Român*. Ed. IV, Bucureşti: Univers Enciclopedic Gold, 2014, p. 93.

　　③　Ureche, Grigore. *Letopiseţul Ţării Moldovei*. Chişinău: Cartea Moldovei, 2012, p. 52.

这座铜像于 1927 年在布加勒斯特铸造，当时使用的铜来自 1877 年俄土战争中缴获的土耳其铜制大炮，以纪念在抗击奥斯曼帝国战争中做出巨大贡献的斯特凡。这座由土耳其大炮熔化铸造的铜像俨然已成为数百年来斯特凡的后继者们坚持不懈地为保卫自己民族而进行斗争的象征，意谓敌人们的武器终将在信念之火中熔化消亡。1928 年这件有着独一无二艺术和象征价值的铜像被放置于基希讷乌市中心广场。它同当地居民一样，经历了命运的起起伏伏。1940 年，当比萨拉比亚（今摩尔多瓦共和国所在的地区）被划入苏联后，这座铜像曾数次被人从原址移走，苏联政府曾试图销毁它以便将斯特凡从人们的记忆中抹除，从而淡化当地居民对原有罗马尼亚身份的认同，但在知识分子等的抵制下这件珍品得以保存下来，至今屹立在这座城市最具有象征意义的地方。

斯特凡大公铜像

从被奥斯曼控制到被沙俄吞并

　　由于斯特凡所提出的构建统一的反奥斯曼战线的设想始终未能得到实践,奥斯曼帝国向欧洲中心扩张的步伐越来越快。它于1521年和1526年分别征服了贝尔格莱德(Belgrade)和匈牙利王国,通向位于欧洲中心神圣罗马帝国都城维也纳的路也就此打开。1529年奥斯曼帝国攻打维也纳,但未能成功,随后奥斯曼帝国调整策略,转而巩固对欧洲已攻占领土的统治。当时奥斯曼帝国通过两种方式来实现对新攻占领地的控制:一是通过将奥斯曼帝国的行政体系强加于新攻占的领地,将此地转变为帝国的一部分,也就是说被攻占土地丧失了自治权;二是允许保留自治权,但要承认奥斯曼帝国的宗主权。保加利亚、匈牙利的南部区域,波斯尼亚和黑塞哥维那等国家和地区被按照第一种方式处理,其行政系统被直接归于奥斯曼帝国的行政体系之下。摩尔多瓦、特兰西瓦尼亚和瓦拉几亚这三个罗马尼亚公国则被按照第二种方式处理,这是因为三个公国处于奥斯曼帝国、波兰王国、匈牙利王国以及后来的哈布斯堡帝国(Habsburg)和沙俄帝国之间。因此如果直接将三个罗马尼亚公国置于奥斯曼帝国的统治之下,则可能引发欧洲列强们的不满,促使它们联合起来共同抗击奥斯曼帝国,而这绝不是奥斯曼帝国所希望发生的。

　　这样的处理其实也符合伊斯兰教对世界的分割理念:处于奥斯曼帝国直接行政体系管理下的土地被称为"伊斯兰之地"

(House of Islam),伊斯兰的教义和法律在"伊斯兰之地"被实施;被其他信仰支配,奥斯曼帝国认为应通过"圣战"来转变民众信仰的地方被称为"战争之地"(House of War);而介于两者之间的区域被称为"盟约之地"(House of Covenant),这些地域需签订契约向帝国进贡来换取和平。这三个公国便属于"盟约之地",在整个被奥斯曼帝国控制的时代,它们尝试保留自己的政治体制、行政机构、司法体系以及军事机构。换句话说,伊斯兰的教义以及法律并未在三个公国内推行,并且奥斯曼帝国也未被允许在公国领地内设置永久性驻军和移民,同样清真寺也不得修建在公国领土上。由此产生的分界线至今依然清晰可见,今日若有人从西欧出发,向东行进,在途经巴尔干地区的国家时会看到大量清真寺,这些国家有阿尔巴尼亚、马其顿、保加利亚等,但当渡过多瑙河进入罗马尼亚和摩尔多瓦共和国后,清真寺便消失在了人们的视野中。由于这样的历史背景,摩尔多瓦共和国不同于巴尔干地区的国家,其国内的穆斯林非常少,约有 2000 人[①]。

奥斯曼帝国对摩尔多瓦公国的宗主权持续了近 3 个世纪,在这期间主要是对摩尔多瓦经济上的掠夺和政治上的统治,而对于民族身份的改变并未显露出兴趣,因此摩尔多瓦人的日常用语依然为罗马尼亚语。16—18 世纪,摩尔多瓦公国在文化和艺术领域经历了一段兴盛期,这是人们创作精力在政治、经济等领域受到奥斯曼帝国压制后集中转移至文化、艺术领域的结果。大量书籍被创作出来并被广泛传播,非宗教学校被兴建。17 世纪被称为罗马尼亚文化的"黄金世纪",众多与宗教和法律

---

① 基于 2014 年摩尔多瓦人口和住房普查数据(2014 年 5 月 12 日—25 日),http://statistica.md/,2018 年 8 月 23 日。

相关的作品被创作出来,这是罗马尼亚文化精英们成熟的标志,越来越多超越政治界限的民族共同体意识出现在作品中。值得一提的是,在这一黄金时期内有一本描写中国的《中国漫记》(Descrierea Chinei)出现了,其作者为尼古拉·斯帕塔鲁·米列斯库(Nicolae Spataru Milescu),他可能是第一位访问中国的摩尔多瓦人,当时他的身份为俄国沙皇阿列克谢一世(Alexei I)派往北京的特使。

不同于文化、艺术领域的一派生机勃勃,在奥斯曼帝国控制时期公国经济和政治领域的发展则犹如正弦曲线般忽高忽低。在奥斯曼帝国发展到鼎盛时期的16世纪末和出现明显衰败的18世纪,三个罗马尼亚公国经历了最严重的经济剥削,进贡物资数量持续增长,私下索要的钱财越来越多,强制索取的木材、谷物、牛羊等亦是有增无减。摩尔多瓦和瓦拉几亚公国变成了奥斯曼帝国名副其实的粮仓,这导致了奥斯曼帝国对公国贸易物资的准垄断,公国通向欧洲中部的贸易之路就此关闭。奥斯曼帝国施加的负担已严重影响到摩尔多瓦公国的各个阶层,受冲击最严重的莫过于那些原本一无所有的"自由"务农者,因高额的税收,他们被迫放弃因斯特凡大公改革而获得的土地以及自由,重新依附于大贵族们。大贵族们的势力由此得到壮大,结果便是摩尔多瓦社会的封建主义色彩得到了强化,与同时期的欧洲国家相比现代化进程被大大延缓了。务农者的农奴身份直到1749年才得以摆脱,务农者成为可以和雇主签订合约的自然人,一个世纪后才拥有了对土地的所有权。18世纪公国出现了大批务农者因高额的税收不得不逃离公国的社会现象,这严重地影响了公国的社会生产力,使得经济形势更加恶化。

在政治层面上,摩尔多瓦公国在奥斯曼帝国控制时期一直保有自治权,但 16—18 世纪间这种自治权实际上是极为有限的。在这两个世纪间,奥斯曼帝国频繁地直接干预公国内政,甚至任命和罢免公国大公。产生的后果便是摩尔多瓦公国的王位变成了拍卖品,谁能向苏丹进献更多更贵重的礼物,谁表现得更加忠诚,谁便能坐上大公的王位。觊觎王位的权贵们为达到目的大肆搜刮民脂民膏,在成为大公后,再次通过压榨纳税民众来赚回之前在王位上的"投资",这种在奥斯曼帝国控制下衍生出的昏庸治国之道不仅使得公国的经济处于崩溃边缘,甚至还逐渐令摩尔多瓦公国丧失了外交上的自主权,摩尔多瓦公国演变成了奥斯曼帝国在北方的"前哨",而摩尔多瓦大公则成了奥斯曼帝国在东南欧的政治局势"观察员",随时向苏丹汇报新的情况。摩尔多瓦公国在欧洲的声望从此便每况愈下,后续历史中,它再也没有恢复到斯特凡大公统治时在欧洲的名望及地位。

在 16 世纪和 17 世纪,摩尔多瓦和瓦拉几亚两个公国的大公们一直由本地的罗马尼亚民族的人来担当,由于罗马尼亚民族的君王们两个世纪以来一直在暗地里尝试摆脱奥斯曼帝国的控制,使得帝国不再相信这些本地君王对宗主国的忠诚。因此,在 18 世纪奥斯曼帝国对两个公国采取了新的统治手段和措施,选择一些奥斯曼帝国信任的希腊人来担任大公。这成了两个公国历史上一段特殊时期,被称为"芬内尔时代"(Perioada Fanariotă),名称的由来是这些担任大公的希腊人来自君士坦丁堡的芬内尔区(Fener)。

在奥斯曼帝国控制时期,帝国通过其控制下的一些摩尔多瓦境内或周边沿线的城堡以及城堡周边地域对摩尔多瓦公国予以施压,这些城堡包括基利亚、阿尔巴、霍京(Hotin)以及丁格纳(Tighina)①,当在公国内有反对帝国的迹象出现时,城堡及周边地域的驻军便会采取行动。不仅如此,这些城堡还成为在位大公的反对力量的避难所。奥斯曼帝国很清楚,如果想要长期维持其对摩尔多瓦公国的控制就必须利用这些反对力量对在位大公形成制约。

丁格纳城堡

奥斯曼帝国对摩尔多瓦公国长达几个世纪的控制对摩尔多瓦社会产生了持久性的影响,这导致了摩尔多瓦公国从中欧逐步"脱离",并融入了奥斯曼式的东方世界,摩尔多瓦社会"从服饰到生活方式,甚至思维模式"②都出现了东方元素。与此同时,资本主义在西欧兴起,社会、经济结构出现了剧烈的变革。14—17世纪,欧洲进入高速发展期,城市化建设、手工业、制造业开始出现,国际贸易和地区专业化及第三产业(家族银行业、

①　在奥斯曼帝国控制时期,该地区被称为本杰里(Bender),部分文献中依然使用该名称。

②　Constantiniu, Florin. *O Istorie Sinceră a Poporului Român*. Ed. IV, Bucureşti: Univers Enciclopedic Gold, 2014, p. 124.

证券交易所等)也开始发展。然而在摩尔多瓦公国,却由于奥斯曼宗主国的影响以及对公国贸易的垄断,欧洲的资本主义思潮未能及时进入公国,甚至封建主义色彩在摩尔多瓦进一步加深。

历史上三个罗马尼亚公国曾数次尝试摆脱奥斯曼帝国的控制,其中最有影响力的一次抗争是由一位被后人称为"勇者"米哈伊(Mihai Viteazul)的伟大领导者所推动的。"勇者"米哈伊在历史上第一次让摩尔多瓦、瓦拉几亚和特兰西瓦尼亚三个公国处于同一位君王的治理之下(1600年),尽管这只保持了很短的一段时间。民族统一意识其实在这三个具有不同政治实体意义的公国存在已久,然而1600年的统一只是建立在政治层面上的,其目的主要为建立统一的反奥斯曼战线,真正基于民族意识的统一直到19世纪下半叶和20世纪初才得以实现。米哈伊的统一策略受到周边势力的抵制,奥斯曼帝国的主要对抗力量哈布斯堡帝国和波兰王国并不希望失去它们分别在特兰西瓦尼亚和摩尔多瓦的影响力。地处另一侧的奥斯曼帝国自然也不会接受一个新罗马尼亚公国的出现。1601年,"勇者"米哈伊被哈布斯堡皇帝巴斯塔(Basta)派出的将军刺杀身亡,三个罗马尼亚公国被依据古罗马的"分而治之"策略而分割。随后在1658—1662年,三个公国再次尝试摆脱奥斯曼帝国的控制,但仍以失败告终。时隔几十年,当哈布斯堡帝国和沙俄帝国大举进攻奥斯曼帝国之时,摆脱奥斯曼帝国的努力才再度迸发。

由于米哈伊领导的伟大抗争,奥斯曼帝国不得不在17世纪初重新考虑对三个罗马尼亚公国的政策。奥斯曼帝国所要求进贡的物资大幅减少,以摩尔多瓦公国为例,1593年摩尔多瓦公国须向奥斯曼进贡65000枚金币,但经过米哈伊的抗争之后,在 17 世纪头十年间下降为 30000 枚金币①,并且同中欧的贸易也得以恢复,天然物资被出口,手工艺产品得以进口。尽管奥斯曼帝国依然享有三个公国出口物资的优先权,但由之前的强制进贡转变为现在的优先贸易权。经济开始复苏,公国的农作物产量也随之增长,大量小麦、小米、大麦、燕麦、葡萄和玉米等农作物被种植,在这些农作物中,对恢复经济起到关键作用的是葡萄。至 17 世纪中叶,动物产品也恢复到其应有的产量,成为公国经济体系中的第二大分支。这些发展产生的影响一直持续到今天,摩尔多瓦共和国的经济结构依然是农业占主导地位。

17 世纪来自奥斯曼帝国的政治上的压力得到缓解,这使得本地权力阶层获得了选择自己君王的自由和权力。奥斯曼帝国心知肚明,想要恢复到 16 世纪时那种对摩尔多瓦公国的直接控制已是不可能之事,因此在整个 17 世纪中,奥斯曼帝国只能另寻他法,通过更加复杂的手段来强化它对摩尔多瓦公国的控制。首先,奥斯曼帝国通过对波兰国内反对势力的扶植和直接对波兰采取军事行动来弱化波兰王国,因为波兰王国依然对摩尔多瓦公国具有影响力。这些措施大大削弱了波兰王国对摩尔多瓦公国的影响力,但并未做到完全消除。其次,奥斯曼帝国通过将帝国信任的希腊贵族们安插到摩尔多瓦国家机构、教会以及经济领域来弱化公国内部对帝国的抵制。然而摩尔多瓦民众的觉醒并未有半点延迟,攻击希腊人的骚乱随即爆发,结果在摩尔多瓦的希腊贵族们不是被驱逐就是被斩首。但动乱却无法让摩尔多瓦将希腊人彻底清除出去,这成了 18 世

---

① Constantiniu, Florin. *O Istorie Sinceră a Poporului Român*. Ed. IV, Bucureşti: Univers Enciclopedic Gold, 2014, p. 155.

纪摩尔多瓦社会出现"芬内尔时代"的前提。

在 18 世纪的"芬内尔时代",出现了一段相对"现代化"的发展阶段,这一阶段中政治权力出现分割。"国家机构"开始出现,并掌管部分国家事务。在"国家机构"变得越来越重要的趋势下,皇室的私人事务则变为由"皇家庭院"专门负责。那些从芬内尔来的统治者意识到,奥斯曼帝国若要从摩尔多瓦公国获得更多的利益,就需对摩尔多瓦公国进行改革,而改革的方向便是消除封建主义,建立"现代化"的税收制度、务农关系、行政机构和司法体系。因而,在这些所谓希腊"开明君主"的治理下,全国统一了务农者对地主所交税款的标准,从而稳定了务农关系,佃户们不再不断地变换雇主;在每个行政机构中安排两名享有稳定"工资"的负责官员,他们拥有行政、财政和司法的权力;制定了司法程序,颁布了大量法律条文;进行了一项非常重要的改革——废除农奴制(1749 年)。

于此期间,欧洲历史上一个转折性的事件发生了——奥斯曼帝国和哈布斯堡帝国再度开战,在长达一个半世纪的军事对抗中,1683 年奥斯曼帝国在维也纳解围之战中失利。这场关键性战役的失败成了形成反奥斯曼帝国联盟的主导因素,也成了奥斯曼帝国衰败的标志,由此欧洲大陆上各帝国势力间的平衡迅速被打破。在新的国际形势下,一股新的力量——沙俄帝国,进入了黑海北面复杂而混乱的政治、军事争斗中。尽管俄国沙皇将自己扮演成拜占庭皇室的接任者和东正教的守卫者,但在与奥斯曼帝国的对抗中实则与哈布斯堡帝国一样,是为了扩张领土。沙俄帝国进攻奥斯曼帝国的真实意图是获得多瑙河的入海口,因为这是一条主要经济带的末端;此外,还有博斯普鲁斯海峡(Bosphorus)以及达达尼尔海峡(Dardanelles),因为这两条海峡确保了沙俄帝国可以打开进出地中海的通道。

1699 年,奥斯曼帝国和神圣联盟①签订了《卡尔洛夫奇条约》(*Treaty of Karlowitz*),特兰西瓦尼亚被哈布斯堡帝国吞并,摩尔多瓦公国也面临着被吞并的威胁,为此摩尔多瓦将目光转向了沙俄帝国。在共同宗教信仰的基础上,公国相信借助沙俄的力量,也许可以在保证自身主权的情况下摆脱奥斯曼的控制。因此摩尔多瓦大公迪米特里·坎蒂米尔(Dimitrie Cantemir)和俄国沙皇建立了共同抵制奥斯曼的秘密联盟,这也使得历史上俄罗斯军队第一次进入了罗马尼亚民族所在的地理空间(1711 年)。然而在与奥斯曼的对抗中,沙俄军队遭到重挫,迪米特里大公也不得不从摩尔多瓦逃到沙俄。这位摩尔多瓦大公对宗主国的背叛导致苏丹在摩尔多瓦建立了"芬内尔政权"。

到了 18 世纪末,奥斯曼帝国开始走向衰落,成为只能勉强维持"遗产"的"欧洲病夫"。摩尔多瓦和瓦拉几亚两个公国作为奥斯曼帝国的"遗产"被提交到了由反奥斯曼联盟构建的在维也纳和圣彼得堡的国际法庭上,以商讨对其的"安置"问题。然而因利益的冲突,两个公国的"安置"问题实际上造成了联盟内部形势的紧张。和哈布斯堡帝国相比,沙俄不与两个公国接壤,这让沙俄在联盟内争夺利益时处于劣势。由此,1775 年,哈布斯堡帝国利用奥斯曼帝国衰落的机会吞并了摩尔多瓦公国北部包含前首都苏恰瓦的地区,这一地区后来被称为布科维纳(Bucovina)。沙俄经过与奥斯曼人及在克里米亚的鞑靼人之间的一系列战争后,又将波兰王国和立陶宛大公国的部分领土吞并,最终于 1792 年将其势力范围扩展至德涅斯特河沿岸,成为与摩尔多瓦公国接壤的邻国。毫无疑问,这加剧了公国来自

---

①　神圣联盟是欧洲大陆上数次出现的反对奥斯曼帝国联盟的通称,由欧洲大陆上数个国家构成。在《卡尔洛夫奇条约》签署时,神圣联盟由教皇国、哈布斯堡帝国、波兰-立陶宛联邦、威尼斯共和国和沙俄帝国组成。

沙俄帝国扩张主义的压力。

在 19 世纪初,因拿破仑战役(1799—1815 年),维也纳不得不将注意力转向西欧,从而对奥斯曼帝国"遗产"的分割无暇顾及。奥地利帝国①因不想失去沙俄这个可以共同对抗法国的主要盟友,在对摩尔多瓦和瓦拉几亚问题上也弱化了自己的主张,这样抑制沙俄对摩尔多瓦公国和瓦拉几亚公国进行扩张的力量便只剩下了奥斯曼帝国。当时沙俄和奥斯曼帝国正处于战争状态(始于 1806 年),并没有足够的实力令奥地利和奥斯曼两个对手同意其吞并摩尔多瓦公国和瓦拉几亚公国,因此沙俄与拿破仑签署了一项秘密合作协议(1808 年)。协议规定,沙俄在俄土战争获胜后将不对拿破仑发动攻势,而法国则需承认两个公国属于沙俄。

然而,随着时间的推移,沙俄和法国之间的关系逐渐冷却,沙俄意识到它正在成为法国的下一个目标。为了应对法国可能发动的攻势,沙俄加快了与奥斯曼帝国的和平谈判以确保其南部边界的安宁。在这一新的形势下,沙俄放弃了攻占摩尔多瓦和瓦拉几亚的企图,因为这可能导致俄土战争无限期延长,因此被迫暂时抑制了自己对土地扩张的欲望。在俄土谈判时,沙皇的代表们并未提及沙俄对两个公国的"历史性权力",事实上谈判结果完全是建立在双方实力的对抗之下的。② 1812 年 5 月,俄土和平条约在布加勒斯特签订,沙俄如愿将摩尔多瓦公国在德涅斯特河和普鲁特河之间的领土吞并。至此,摩尔多瓦大公原本计划通过沙俄的帮助来摆脱奥斯曼控制的希望,最终演变成部分国土被沙俄吞并的事实。

---

① 奥地利帝国实则是哈布斯堡帝国的后继者。

② Constantiniu, Florin. *O Istorie Sinceră a Poporului Român*. Ed. IV, București: Univers Enciclopedic Gold, 2014, p. 199.

在沙皇统治时期，从德斯特河到普鲁特河间的整个区域被称为比萨拉比亚，比萨拉比亚原本仅指代南部多瑙河入海口这一地区，在奥斯曼控制时期，这一地域处于奥斯曼的行政管理之下。通过这种改换名称的方式，一方面沙俄可以在欧洲面前表现出没有破坏摩尔多瓦公国的完整性的姿态；另一方面又可以达到将已吞并的区域转变为一个独立体，从而与原来的罗马尼亚民族分开的目的。今天，从国家政治的角度来看，历史上的比萨拉比亚被定义为从摩尔多瓦共和国到德涅斯特河的区域，缺少了南部靠近黑海的区域和北部的一部分区域。1940年，比萨拉比亚被苏联吞并，而这两个缺少的区域被并入了乌克兰。

由于 1812 年沙俄帝国对比萨拉比亚的吞并，大半个摩尔多瓦公国被沙俄占领。事实上摩尔多瓦公国在普鲁特河和德涅斯特河之间的区域一直是偏远地区，也就是说公国的首都[①]从未被设置在这里过，但这片地域拥有着肥沃的土壤和广袤的草原，对公国的农业和畜牧业具有重要的意义。沙俄政权在吞并比萨拉比亚后将基希讷乌（Chisinau）设为行政中心，在此之前基希讷乌一直为一个小镇，历史上一位摩尔多瓦大公曾将它描述为"无足轻重的小集市"[②]。在随后的沙俄帝国长期统治下，基希讷乌依然相对落后，未能得到充分的发展，直至 19 世纪末城市才得以转型升级。

---

① 在摩尔多瓦公国历史上，共有 4 个城市曾为首都，分别为博雅（Baia）、西雷特（Siret）、苏恰瓦（Suceava）和雅西（Iași）。在摩尔多瓦公国和瓦拉几亚公国合并后的过渡阶段中，雅西和布加勒斯特曾作为两个首都进行行政管理。1862 年以后，布加勒斯特成为罗马尼亚唯一的首都。

② Cantemir, Dimitrie. *Descrierea Moldovei*. București: Litera Internaţional, 2001, p. 32.

1812—1917 年，超过 100 年的时间证明了，俄国沙皇对比萨拉比亚的统治比奥斯曼苏丹更加残酷。就如同奥斯曼帝国一样，沙俄帝国同样对新吞并的领地进行经济上的疯狂掠夺，比萨拉比亚地区被整合进了沙俄国内的经济体系中，与欧洲原有的贸易被剥夺。在政治层面上，沙俄政权很快便将比萨拉比亚原有的自治政权清除（1828 年），然后加速建立起沙俄政权，这种情形在奥斯曼帝国长达三个世纪的控制中都未发生过。还有一点不同于奥斯曼帝国的是，沙俄帝国的压制并不仅仅停留在经济领域内，在民族认同感上，它还持续瓦解、泯灭人们对原有民族、政治身份的认同。

去民族化并进行俄罗斯化，其实是沙俄帝国的一项国策，这一政策被实施在了生活在沙俄广阔土地上的近 200 个民族身上。沙俄的这项政策贯穿社会、经济、政治和宗教等各个领域，无时无处不在限制和改变人们。苏联学者伯克洛夫斯基（M. N. Pokrovsky）曾用"民族的监狱"[①]这样的句子来刻画沙俄帝国的残酷本性。在这种政策下，由沙俄所占领的公国领土并未继承原有的名称——摩尔多瓦，而是改叫比萨拉比亚。关于名称的更改，1865 年沙俄皇子奥伯莱恩斯基（Obolensky）曾提出将这一地区改名为阿里克斯德鲁斯拉夫（Alexadroslav），因为他认为"这个名称（比萨拉比亚）会唤醒人们对原有国家的记忆，具有重大的政治意义，将成为造成分裂主义的因素"[②]。奥伯莱恩斯基的提议最终未被采纳。

沙俄去民族化和进行俄罗斯化的一个基本手段便是歪曲

[①]　Покровский，Михаил. *Избранные Произведения в Четырех Книгах. Книга 4. Лекции，Статьи，Речи.* Москва：Мысль，1967，pp. 129-135.

[②]　Constantiniu，Florin. *O Istorie Sinceră a Poporului Român.* Ed. IV，Bucureşti：Univers Enciclopedic Gold，2014，p. 284.

非俄罗斯族裔的名称以及他们所使用语言的名称。这样的例子比比皆是,例如乌克兰族当时被称为"小俄罗斯族"(Maloross),而乌克兰语则被称为"小俄罗斯语";哈萨克斯坦族被称为"柯尔克孜族"(Kirghiz),他们的语言被改称为"柯尔克孜语";同样地,在比萨拉比亚生活的人们在沙俄政权统治下不能称他们自己为"罗马尼亚族",而要称"摩尔多瓦族",他们的语言也从"罗马尼亚语"变成了"摩尔多瓦语"。因此,在沙俄帝国统治的 105 年(1812—1917 年)中,当需要对比萨拉比亚地区相关的事务进行表述时,没有官方文件和法案条文中出现"罗马尼亚族"和"罗马尼亚语"这样的名词,而仅仅是使用上述提及的别称。① 这一分离主义政策对人们的影响,曾在 1859 年摩尔多瓦公国和瓦拉几亚公国合并后显得格外明显。1866 年两个公国合并后,合并国的首部宪法中所确立的国家名称却是罗马尼亚,这是历史上摩尔多瓦和瓦拉几亚在民族意义上的第一次合并。卡罗尔一世(Carol I)成了由两个公国组成的新国家罗马尼亚的国王。

在沙俄占领公国后仅一年,人们便认识到沙俄政权对其他民族所采取的态度及措施,因此大量民众越过普鲁特河离开比萨拉比亚,逃离至依然处于奥斯曼控制的地区。当时作为沙俄将军的帕维尔·基谢廖夫(Pavel Kiselev)甚至写道:"他们(那些逃离比萨拉比亚的人)宁可选择土耳其人的枷锁,也难以接受我们的行政管理。"②为了防止人口的流失,沙俄的统治者们许诺保留比萨拉比亚地区的自治权和本地法律;允许任用本地

---

① Valeriu Cușnir and Dumitru Grama. "Limba Moldovenească sau Limba Română: Argumente Istorico-Juridice". *Akademos*,2014,3(34),pp. 18-27.

② Purici, Ștefane. *Istoria Basarabiei*. București: Semne, 2011,p. 18.

人为行政官员;对于语言,除了俄语之外,接受"摩尔多瓦语";降低税收和延缓本地人服兵役。沙俄希望将比萨拉比亚变为"沙俄帝国迷人的展窗",从而让那些依然在奥斯曼控制下的基督教群体加入沙俄对抗奥斯曼的联盟中来。

但是不久,1818 年,沙皇亚历山大一世(Alexander I)对基希讷乌进行视察,比萨拉比亚地区的情形也就此改变,首当其冲的就是自治权受限,当然这引起了本地显贵阶层的不满。7年后,俄国沙皇的更迭给比萨拉比亚带来了根本性的变化。新沙皇尼古拉斯一世(Nicholas I)于 1828 年废除了比萨拉比亚自治权中残留的部分,并将其划分进了新罗西克斯(Novorossiysk)省的行政区域,比萨拉比亚的原有行政长官亦被革职。沙皇通过颁布法律声明了俄语为行政领域和司法领域的唯一用语,摩尔多瓦语的使用仅被当作特例,只许在同本地不会讲俄语的人进行沟通时使用。在学校和教堂里罗马尼亚语的使用则被延续到了 19 世纪 60 年代末至 70 年代初,当罗马尼亚语被勒令停止使用后,唯一的俄语成了强制使用的语言。1873 年比萨拉比亚被设置成一个单独的省,至此比萨拉比亚已被完全同化,丢失了所有原有的特点,开始使用沙俄法律,彻底融入了沙俄帝国的行政体系。

在比萨拉比亚被沙俄吞并后的头十年里,沙俄政权采取了大规模的人口混淆殖民策略,大量乌克兰人、犹太人、俄罗斯人、加告兹人(Gagauz)、保加利亚人、德国人和哈萨克斯坦人等被引入了比萨拉比亚地区。① 为鼓励外来人口进入比萨拉比亚地区,沙俄政权甚至给予了外来人口比本地居民更多的优惠政

① Dragnev, Demir et al. *Republica Moldova-25 de ani. Repere Istorice. Istoria Științei.* Chișinău: Academia de Științe a Moldovei, 2016, p. 22.

策。比如新迁移进来的人可获得面积更大的土地,减免税务,获得财力上的支持和免除兵役。外来人口享有发展自己宗教和修建教堂的自由,并可设立教授自己母语的学校(直到 19 世纪 60 年代末)。这项由沙皇尼古拉斯一世主导的殖民政策迅速改变了比萨拉比亚地区的民族结构,并且造成了深远的影响。如果说在 1817 年比萨拉比亚地区人口分布中,罗马尼亚族依然是绝大多数(76.4%),那么到了 1897 年,罗马尼亚族所占比例已经不到一半(47.6%)。① 因此,摩尔多瓦共和国今日的民族多样性以及由此带来的复杂问题,追本溯源,可以在沙皇的殖民化政策中找到解释。

比萨拉比亚地区人口的爆炸式增长直接导致了对土地的大量开发,为了增加用于种植农作物的耕地,大面积的森林被砍伐。从历史的角度来看,1812 年被沙俄吞并后,比萨拉比亚的角色由原来的"奥斯曼的粮仓"转变成了"沙俄帝国的菜园"②。当时有部分西部移民(德国人、法国人、瑞士人等)进入比萨拉比亚,这些西部移民或多或少为比萨拉比亚带来了一些益处,比如他们带来了新的技术,提高了牲畜饲养的效率,增进

---

① Purici, Ştefane. *Istoria Basarabiei*. Bucureşti: Semne, 2011, p. 187. 根据 1817 年的沙俄人口普查数据,比萨拉比亚人口为 49.35 万人,其中 76.4% 为罗马尼亚人(摩尔多瓦人),还有 8.7 % 的乌克兰人、4.5% 的犹太人、2% 的俄罗斯人和 8.4% 的其他民族。根据 1897 年的沙俄人口普查数据,比萨拉比亚人口为 190 万人,其中 47.6% 为罗马尼亚人(摩尔多瓦人),19.7% 为乌克兰人,11.8% 为犹太人,8% 为俄罗斯人,12.9% 为其他民族。

② Purici, Ştefane. *IstoriaBasarabiei*. Bucureşti: Semne, 2011, pp. 48-51. 当时比萨拉比亚只占沙俄帝国领土的 0.21%,却生产整个帝国的 3% 的谷物和超过一半的葡萄酒(葡萄园面积为沙俄帝国之最),干果的产量也位居前列,整个比萨拉比亚为沙俄帝国最高效的农业产区之一。

了与欧洲的文化交流。然而毕竟西部移民的人口数量太少,他们并未能对比萨拉比亚地区产生实质性的影响。令比萨拉比亚地区发生现代化转变的关键事件是后来沙俄帝国在克里米亚战争中的失败。

克里米亚战争(1853—1856 年)实质上是沙俄帝国为将其领土扩展至巴尔干半岛,欲通过控制博斯普鲁斯海峡和达达尼尔海峡来获得进入地中海的机会而引发的冲突。当时,英国、法国、撒丁岛王国①以及奥斯曼帝国均想阻止沙皇的扩张计划。战争开始于沙俄帝国对摩尔多瓦公国和瓦拉几亚公国的占领,然而随着时间的推移,战争的舞台却转移到了克里米亚半岛。西方强国联合成了一股强大的力量,成功结束了沙俄在摩尔多瓦公国和瓦拉几亚公国的统治,这也为 1859 年两个公国联合成一个国家铺平了道路。沙俄帝国的战败同时揭示了沙俄帝国和奥斯曼帝国在社会、科技发展上与西方列强之间的差距。看到这样的差距,俄国沙皇亚历山大二世(Alexander II)下令在本国展开了一系列经济层面和社会层面的改革,意在提高帝国的现代化程度。首个也是最重要的改革便是 1861 年的耕地改革,农奴制被废除,原来的农奴(务农者)获得了拿回土地的机会。在摩尔多瓦公国,早在 1749 年农奴制就被废除,所以在 1812 年沙俄掌管这片土地后废除农奴制的政策并不需要被执行,但让务农者拥有土地的政策得到了推行,只是直到 1868 年才得以真正实现,其原因为本地贵族不愿失去自己的土地而不断进行反抗。在现代化进程中,由于土地所有制关系的改变,比萨拉比亚社会中的封建主义制度彻底结束了,并开始向资本主义过渡。

比萨拉比亚的工业化进程在 19 世纪末才得以展开,当时也

---

① 历史上的一个国家,如今为意大利的一部分。

仅仅是出现了一些雇用了几个雇员的小企业,并且部分企业是由来自西欧的企业家所创办,规模很小,只能为一小部分人口提供就业。[1] 与同时期沙俄帝国的其他省份相比,比萨拉比亚的工业发展要逊色很多,沙俄政权着重利用了比萨拉比亚的土地资源,而非发展其工业能力。这样的发展策略导致了比萨拉比亚继续保持着显著的田园特色,同时殖民化的人口区分政策带来了城市与郊区人口的差异,大多数本地居民被规划在了农村。[2]

　　由于对比萨拉比亚先入为主的农耕殖民思想,沙俄政权总是对发展这片土地上的人口教育不感兴趣,尽管学校的数量在增长,却始终不能满足人口增长而带来的需求。也正因如此,比萨拉比亚当时能阅读和书写的人口在总人数中所占比例很低,在 1897 年约为 15.6%,这一现象在学校数量不足的地区尤为严重。[3] 和同时期的其他罗马尼亚民族地区相比的结果,也

---

① Purici, Ștefane. *Istoria Basarabiei*. București: Semne, 2011, pp. 38, 56. 在 1908 年,比萨拉比亚共有 121 家工业企业:5 家企业拥有 100—500 名工人,7 家企业拥有 50—100 名工人,其余企业则少于 50 名工人。根据 1897 年的人口普查,大多数比萨拉比亚人口(75.7%)从事谷物种植和畜牧业。工业和手工业为比萨拉比亚居民提供了 7% 的工作岗位,商贸提供了 6.3% 的就业岗位。4.4% 的比萨拉比亚人从事服务业,而交通运输业从业人口占该地区人口的 1.1%。

② Purici, Ștefane. *Istoria Basarabiei*. București: Semne, 2011, p. 34. 在 1897 年,该地区 190 万居民中, 29.3 万(15.2%)被安置在城镇中,160 万(84.8%)居住在农村地区。种族方面,城市人口中 37.2% 为犹太人, 24.4% 为俄罗斯人,15.8% 为乌克兰人,仅 14.2% 为罗马尼亚族裔。

③ Constantin Ungureanu. "Știința de Carte în Teritoriile Populate de Români la Începutul Secolului XX". *Codrul Cosminului*, 2005, 11, p. 88. 在 1897 年,比萨拉比亚 22% 的男性具有读写能力,而会读写的女性只有 8.9%。在城市中,42.8% 的男性和 22.3% 的女性能识字,而在农村地区,只有 18.2% 的男性和 2% 的女性具有阅读能力。

印证了这一点(特兰西瓦尼亚为 36.6%,布科维纳为 29.7%,罗马尼亚王国为 22%)。对人口教育的不重视也是导致沙俄帝国落后于其他欧洲列强的原因之一。[①] 未对农村提供充足的教育资源使得当地务农人口俄罗斯化的比例极低,这一点不同于比萨拉比亚的贵族阶层,贵族阶层往往因接受了更多教育而更加俄罗斯化,这也使得贵族阶层有机会参与政治、军事层面的管理。这样的形势使得在 20 世纪初知识分子成为领导比萨拉比亚民族解放运动的中坚力量,但运动也得到农民阶层的积极响应,因为尽管大多数农民为文盲,但是他们自我感觉依然是罗马尼亚民族。

　　1905—1907 年的第一次俄国革命为沙俄帝国首次带来了思想自由、言论自由、集会和结社自由的民主化理念。在这样的大背景下,比萨拉比亚的民族解放运动开始蓬勃兴起。首先是知识分子的觉醒,随后比萨拉比亚的本地贵族们在新近创立的反对俄罗斯化的报刊影响下也开始觉醒。比萨拉比亚的本土社会表现出了强烈的确认民族身份、实现自治甚至和罗马尼亚王国统一的诉求。在这个相对开放的历史阶段内,对于比萨拉比亚而言,恢复与普鲁特河对岸罗马尼亚王国的联系成为可能。其间,关于历史、文学和宗教的书籍从罗马尼亚王国偷偷运输进了比萨拉比亚地区,同时大学也为年轻的学者们设立了关于比萨拉比亚研究的相关奖学金项目。民族解放运动所产

　　① 　Constantin Ungureanu. "Ştiinţa de Carte în Teritoriile Populate de Români la Începutul Secolului XX". *Codrul Cosminului*, 2005, 11, pp. 75, 91. 20 世纪初英国针对欧洲各国文盲人口的调查报告显示:俄罗斯为 80%,西班牙为 63%,意大利为 48%,匈牙利为 43%,奥地利为 30%,爱尔兰为 21%,比利时和法国均为 14%,荷兰为 10%,英国为 8%,苏格兰为 7%,而德国仅为 1%。

生的巨大压力迫使沙皇政权默认和接受了在教堂和神学院中使用罗马尼亚语的现实。1905年,省级行政管理机构采纳了在比萨拉比亚小学教育中教授母语(罗马尼亚语)的建议。1906年,教会出版了大量罗马尼亚语宗教书籍。

尽管沙皇政府不得不因大环境的变化而做出一些让步,但从沙俄政权的角度来看,这些运动是分裂主义的表现。为了阻挠民族解放运动的发展,政府撤回了报纸的发行刊号,中止出版物的发行,甚至囚禁和驱逐了一些追随民族解放运动的人士。同时,俄罗斯化的比萨拉比亚本地贵族们因已获得了较高的社会地位,成了权贵阶层,他们并不想失去已获得的权力、财富和地位,故积极倡导维持沙俄对比萨拉比亚的统治。可见,在此期间比萨拉比亚所追求的民族解放并非易事,但真正的考验却是在俄国革命结束后的第一次世界大战期间(1907—1914年)。

两次世界大战中的比萨拉比亚

俄国第一次革命爆发于 1905 年,持续 2 年时间,革命席卷了整个俄国疆土,比萨拉比亚也包括在内。革命爆发期间,沙俄政府对比萨拉比亚民族解放运动领袖们的迫害与日俱增。他们中不少人为了保命而逃亡至罗马尼亚,并继续为民族解放而斗争。而留在比萨拉比亚地区的人们不得不转入地下,在黑暗中传播民族解放思想。言论出版自然受到了极大的限制,当时唯一的罗马尼亚语刊物在创刊后不到一年时间里,因刊载了一首诗歌《醒来吧,罗马尼亚人》而被关停。在今天罗马尼亚国歌和 1991—1994 年间摩尔多瓦共和国的国歌中就写道:

> 醒来吧,罗马尼亚人!
> 从死一样的沉睡中,
> 从野蛮暴君的压迫中,
> 就在现在建立新的命运。
> 在这命运面前,即使是最残酷的敌人也会屈服!

在严酷的大环境下,比萨拉比亚民族解放运动在 1907—1913 年进入了相对停滞的阶段。为避免沙俄政权的直接打压,对于民族解放思想的传播转入了"地下",但从未停止过。

随着第一次世界大战的爆发,比萨拉比亚的命运又走向抉择的十字路口——罗马尼亚王国该选择两个对立联盟中的哪一方,是协约国还是同盟国?当时关于比萨拉比亚的问题在罗马尼亚政治舞台上持续两年成为焦点议题,如果罗马尼亚加入协约国,即与法国、大不列颠帝国和沙俄帝国联盟,那么罗马尼亚在政治层面上就不可能对比萨拉比亚宣示主权,但会获得机会对已被奥匈帝国占领的特兰西瓦尼亚和布科维纳声明主权。相反地,如果加入同盟国,即与德国、奥匈帝国、奥斯曼帝国和保加利亚联盟,则可开启与比萨拉比亚统一的前景,但必然会对与特兰西瓦尼亚和布科维纳的统一造成危害。两种选择都含有对已被外族势力所侵占土地的统一与分离,使得决定过程极其痛苦。在对军事、经济、政治、族裔人口等诸多因素进行分析后,罗马尼亚王国于 1916 年 8 月 4 日与协约国签署了联盟条约。

在罗马尼亚加入战争后,比萨拉比亚处于罗马尼亚前线的正后方,自然成了战争中人力、物力资源供应的主要渠道。卷入战争给比萨拉比亚地区的经济和人口带来了巨大的压力,当地居民的生活条件严重恶化,整个地区陷入了深深的痛苦之中。① 另一方面,沙俄帝国正在经历着第二次革命,这一次的自由革命最终在 1917 年 2 月推翻了沙皇政权。这场由沙俄首府引发的政治地震波及帝国的周边地带,自然也包括比萨拉比

---

① Purici, Ştefane. *Istoria Basarabiei*. Bucureşti: Semne, 2011, pp. 146-148. 俄罗斯在比萨拉比亚部署了储备部队,部队消耗了大量当地的财力和物力。沙皇在当地招募了 30 万人参军,并要求当地居民进行战争设施和铁路的建设。繁重的工作、糟糕的条件、食物的不足以及医疗援助的匮乏导致了疾病的暴发,最终造成了大量人口的死亡。战争导致了生产材料和动力原料的不足,比萨拉比亚的工业由此而严重衰退。受经济下滑、青年充军和劳动力转移至战争设施建设的影响,比萨拉比亚的农业同样遭受重挫。比萨拉比亚的资源,包括最基本的牲畜、煤油、火柴、木头等也被运往前线,整个地区的生活变得异常艰难。

亚,民族解放运动在比萨拉比亚再次兴起。在比萨拉比亚的罗马尼亚人争取民族认可的斗争中产生了一支新的政治力量——摩尔达维亚民族党。该政党正式表达了对比萨拉比亚自治权的要求,以及要求组建具有国家最高立法权力的"国民议会"。这标志着民族解放运动的成熟。

与此同时,比萨拉比亚的邻居乌克兰也利用俄国爆发革命的机会,极力争取自治权,不仅如此,它还试图将比萨拉比亚囊括到自己的版图中。乌克兰的扩张主义行为遭到比萨拉比亚当局的强烈反对,在这样一种充满险境的乱世之中,比萨拉比亚人民越来越顽强,对自治权的坚持也越来越坚定。

同一时间,俄国沙皇被罢免后所形成的临时政府正受到来自包括布尔什维克在内的众多政治势力的挑战,该国的局势正逐步失去控制。俄国首府不稳定的消息在俄方前线的军队中传播,军队亦变得不稳定,成千上万的俄国士兵逃离了战场。大量俄军在后撤的时候穿越了比萨拉比亚地区,烧杀掠夺随之而来,但俄国临时政府无力结束发生在比萨拉比亚的混乱局面。其后,比萨拉比亚军方于 1917 年 10 月 20 日—27 日在基希讷乌召开了一次关键性会议。在会议上全体代表们一致同意并宣布了在俄罗斯联邦框架下的比萨拉比亚领土与政治自治权,并建立了国民议会。国会议员从军方、农民、专业协会和各个行政区域单位的人员中选举产生。最终选举产生的 156 名议员民族分布情况为:105 名罗马尼亚族人(摩尔多瓦人)、15 名乌克兰族人、14 名犹太人、7 名俄罗斯族人、2 名德国人、2 名保加利亚人、8 名加告兹人、1 名波兰人、1 名亚美尼亚人和 1 名希腊人。

国会的第一次会议于 1917 年 11 月 21 日召开。伴随着"醒来吧,罗马尼亚人"的歌声,一面象征着罗马尼亚民族标志的蓝、黄、红三色国旗在国会大厦上空冉冉升起。在内部和外部威胁的双重压力之下,国会于 1917 年 12 月 2 日正式对外宣称自己为"摩尔多瓦民主共和国",这等同于宣示了比萨拉比亚在俄罗斯联邦框架下的主权。下一步便是宣称独立,然而宣称独立在当时是一件相当危险的事,因为尚有大量俄国军队驻留在比萨拉比亚,并且部分少数民族的居民对独立持怀疑态度。

在年轻的共和国尚未组建武装力量的情况下,动荡的时局造成的社会混乱难以控制。在这样的环境中,一些分裂势力变得越来越活跃,对领土的完整性造成了威胁。与此同时,由俄国士兵带入的布尔什维克成了另一支力量,同样对共和国产生了威胁。

在这种情况下,摩尔多瓦民主共和国派出由部长级官员组成的代表团前往罗马尼亚,寻求资金支持,用于组建部队以维持公共秩序。然而,代表团并未得到实质性的援助,罗马尼亚提出自身也处于困境之中而拒绝了代表团。代表团因此转而求助法国和俄国白军这两个罗马尼亚盟友。法国表示愿意向摩尔多瓦民主共和国提供军事教官以帮助其组建自己的国家军队。[①] 然而在代表团返回时,基希讷乌的形势急剧恶化到失控的边缘,已经没有时间组建自己的军队了。摩尔多瓦政府不得不紧急要求外部派出军队来恢复国家秩序。

最初,罗马尼亚派出一小支部队,计划驻扎在基希讷乌附近并对摩尔多瓦的粮仓进行保护。但在 1918 年 1 月 6 日的清晨,当该部队抵达基希讷乌粮仓站时,受到了布尔什维克武装力量的攻击。

与此同时,1918 年 1 月 9 日,乌克兰人民共和国宣布独立,

---

① Purici, Ştefane. *Istoria Basarabiei*. Bucureşti: Semne, 2011, p.160.

乌克兰有意吞并当时还处在俄国边境线内的摩尔多瓦民主共和国。鉴于形势的严峻，摩尔多瓦政府组成了新的代表团前往罗马尼亚，要求其在摩尔多瓦部署军队。罗马尼亚向摩尔多瓦派驻军队的决定得到了当时协约国和沙俄白军代表们的同意，协约国和沙俄白军均有意通过确保摩尔多瓦的安全来阻止布尔什维克。1 月 13 日，罗马尼亚军队开进了在 11 日就已被苏俄和乌克兰放弃的基希讷乌。不过，当时仍有一些布尔什维克的反对力量驻扎在丁格纳、贝尔茨（Bălți）、阿尔巴城堡等地。到了 3 月初，罗马尼亚军队基本恢复了摩尔多瓦的秩序。

在这种非常形势下，国会于 1 月 24 日做出了重要的决定——宣布摩尔多瓦民主共和国独立。1 月 24 日这一日期具有极为重大的意义，因为在 1859 年的同一天，摩尔多瓦公国和瓦拉几亚公国实现了合并。

比萨拉比亚宣布脱离俄国独立，乌克兰人民共和国对领土主权的声明，以及同盟国对比萨拉比亚和乌克兰的支持，共同形成了对比萨拉比亚与罗马尼亚合并有利的大环境，然而这一点当时却并未在人口混杂的比萨拉比亚社会达成共识。为此，1918 年 3 月 27 日，国会进行投票表决，结果绝大多数的议员投票赞成比萨拉比亚（摩尔多瓦民主共和国）与罗马尼亚合并。在布科维纳和特兰西瓦尼亚，虽然有着不完全一样的过程，但最终的结果却是相同的，它们分别于 11 月 15 日和 12 月 1 日决定与罗马尼亚合并。至此罗马尼亚实现了民族的完整统一，然而统一却是短暂的。

尽管民族统一的奋斗在 1918 年 12 月 1 日取得了成果，但三个地区与罗马尼亚的合并在外交上要让国际社会承认则依然是一场新战役。1919—1920 年的巴黎和会标志着第一次世界大战的结束，并建立了新的世界秩序，这为"合并"争取国际社会的认可提供了平台。1920 年 10 月 28 日,在一场漫长而艰难的谈判之后,"一战"的胜利国英国、法国、意大利、日本与罗马尼亚签署了条约,承认了后者在比萨拉比亚的主权。条约中注明"签署国认为从地理、族裔、历史以及经济的角度出发,比萨拉比亚与罗马尼亚的合并是完全正确的",以及"各缔约方将在俄国形成被认可的政府后邀请俄国加入此缔约"。① 俄国的不承认就如同一把悬挂在罗马尼亚头颅上方的达摩克利斯之剑,随时可能会带来致命的伤害。时过不久,这把达摩克利斯之剑还是落了下来。1940 年,苏联再次吞并了比萨拉比亚。

　　在与罗马尼亚合并的二十来年中,罗马尼亚语回到了 1812 年以前的地位,成为官方语言。然而当时比萨拉比亚全民读写能力处于较低水平,教育领域的改革成为部长议会以及包含比萨拉比亚代表在内的罗马尼亚行政部门的当务之急。罗马尼亚的教育改革使比萨拉比亚人口的阅读能力得到了提高,1930 年可阅读人数达到了总人口的 29.9%,部分地区超过了 50%。② 另一项重大的改革则与耕地有关,改革重新调整了土地所有权,增加了农民拥有土地的份额。③ 在比萨拉比亚与罗

　　① Scurtu, Ioan, et al. *Documente privind Istoria României între Anii 1918-1944*. Bucureşti: Editura Didactică şi Pedagogică, 1995, p. 28.

　　② Agrigoroaiei, Ion and Palade, Gheorghe. *Basarabia în cadrul României întregite 1918-1940*. Chişinău: Universitas, 1993, pp. 99.

　　③ Agrigoroaiei, Ion and Palade, Gheorghe. *Basarabia în Cadrul României Întregite 1918-1940*. Chişinău: Universitas, 1993, pp. 80-81. 之前沙皇的土地改革在比萨拉比亚被证明是无效的,因为土地仍然大量集中在小部分人手中。1917 年,在比萨拉比亚,有 418000 户农民家庭拥有少于 7.6 公顷的土地,130000 户家庭拥有 7.6 公顷以上的土地。1917 年,沙俄帝国处于混乱状态,并由此导致了俄国革命,混乱中,比萨拉比亚的平民从教堂、国家和地主手中抢夺了大量土地,这导致了土地所有权的混乱。

马尼亚合并的十周年庆典上,"伟人"斯特凡大公的铜像被安置在了基希讷乌,如今该铜像依然屹立在摩尔多瓦共和国的首都。在两次世界大战期间,罗马尼亚经济得到了增长,特别是特兰西瓦尼亚的工业和瓦拉几亚的油田。比萨拉比亚则在农业领域内为国家做出了贡献,形成了以农产品为基础的产业(面粉、酿酒、制糖、植物油、农耕器械等),此外还有轻工日用品(纺织品、肥皂、陶瓷器皿等)的生产。遗憾的是在这22年时间里,比萨拉比亚现代化和工业化的步伐依然不够大,农业仍然是该地区人口的主要就业方向。

与此同时,在欧洲,由于一些国家对1919—1920年巴黎和会所缔结的条约提出异议,和平的局面将再次被打破。① 罗马尼亚受到来自周边三个国家的威胁:保加利亚声称罗马尼亚南部的土地为己所有,匈牙利对特兰西瓦尼亚开始发起争议,而苏联则意在比萨拉比亚。苏联和德国的利益勾结导致了含有秘密附加条款的《苏德互不侵犯条约》②于1939年8月23日被签署。该条约后来被证明为苏德两国在东欧地区的势力划分协定,秘密附加条约中的第三款规定了比萨拉比亚为苏联的势力范围。条约签署后,德国于9月1日对波兰宣战,16天后苏联军队入侵波兰,第二次世界大战正式爆发。不到一年,1940年6月26日苏联政府向罗马尼亚发出了最后通牒,要求在24小时内交出比萨拉比亚和布科维纳。当时罗马尼亚的主要盟国法国已于6月24日被纳粹德国攻陷,英国则正处于被围攻中,而美国尚未参战。罗马尼亚不得不将军队和行政机构撤出

---

① 要求在巴黎和会上修改已缔结条约的国家是德国、苏联、匈牙利、意大利和保加利亚。

② 《苏德互不侵犯条约》也称为《苏德条约》《莫洛托夫-里宾特洛甫条约》和《希特勒-斯大林条约》。

比萨拉比亚和布科维纳两个地区。8 月 2 日,苏联最高苏维埃决定在比萨拉比亚建立"摩尔达维亚苏维埃社会主义共和国"。根据该决定,摩尔达维亚苏维埃社会主义共和国由比萨拉比亚的 6 个行政区域构成,其中东部越过德涅斯特河的一小部分当时本属于乌克兰苏维埃社会主义共和国的区域也被包含了进来,这一部分即为今天的德涅斯特河(Transnistria)"左岸"地区①。而原本为比萨拉比亚的其余 3 个行政区域——南部的 2 个和北部的 1 个则被划分给了乌克兰。今日摩尔多瓦共和国的部分国境线便是当时由苏联在未考虑民族、历史和文化的情况下所切割出来的。

罗马尼亚因在第二次世界大战初期领土被吞并,社会开始激进化,直接的结果便是出现了安东内斯库(Ion Antonescu)这样的激进分子。安东内斯库将国王卡洛尔二世(Carol II)驱逐后建立了独裁政权,并加入轴心国,对苏联进行报复。战争初期,罗马尼亚成功夺回了比萨拉比亚和北布科维纳,但是安东内斯库并没有就此停止战争,而是越过比萨拉比亚的边界线德涅斯特河,吞并了乌克兰从德涅斯特河到西布格河(Bug River)的领土,并建立了隔离居住区和集中营,对犹太人和吉普赛人进行大清洗。其中最大的隔离居住区建立在基希讷乌。②

罗马尼亚看似达到了目的,在 1941—1944 年期间重新获得了对比萨拉比亚和布科维纳的控制权。然而很快,苏联在1944 年的军事行动中重新攻占了比萨拉比亚,苏联军队开进了罗马尼亚并驻留至 1958 年。1946 年举行的巴黎和会确定了第

---

① 该地区常被称为"左岸"地区或"德左"地区。

② Caşu, Igor. Holocaustul în Basarabia şi Transnistria. Radio Europa Liberă, din 06. 05. 2015. https://europalibera.org/a/26997341. html, 2018 年 11 月 20 日。

二次世界大战所形成的各国新边界线,普鲁特河成为罗马尼亚与苏联之间的新边界,比萨拉比亚则被一直保留在苏联境内,直到 1989 年东欧剧变。

中篇

摩尔多瓦共和国

　　在上篇中,我们回顾了从达契亚王国到摩尔达维亚苏维埃社会主义共和国出现这一历史进程。摩尔达维亚苏维埃社会主义共和国也就是今日摩尔多瓦共和国的前身。在这一长达2000年的动荡历程中,在摩尔多瓦共和国这片土地上,上演的征服与反抗、分割与合并、发展与沉沦至今依然历历在目。苦难的历史塑造了这个国家的特性,酝酿出了这个民族的文化,也为这个国家埋藏下了许许多多沉吟未决的隐患和困惑今生的问题。

　　时间的脚步不会停滞,历史的进程还在继续,今天的摩尔多瓦共和国又是以什么样的姿态登上国际舞台的呢？在摆脱了大国与强权的直接控制后,新生的共和国现已独立发展了近30年。这个历经苦难洗礼的国家如今又涌现出哪些思潮、价值观呢？今天的共和国是否得到了期盼已久的和平与安宁？人们要怎样面对当前的机遇与挑战？历史遗留下来的问题又该如何去解决？

　　带着这些问题我们展开本书的中篇,为读者呈现摩尔多瓦共和国的独立、发展以及建国后所面对的主要经济、政治、文化方面的问题,比如他们的语言到底是罗马尼亚语还是摩尔多瓦语,共和国应该向“东”还是向“西”,什么样的路才是归属,等等。此外,我们还将带领读者去感受摩尔多瓦共和国今天的人文社会,回归到民间的生活去了解这个民族的传统习俗与风采。在介绍摩尔多瓦的历史遗迹、著名景点时,我们会将上古传说与之串联起来,为读者展示摩尔多瓦别具一格的文化魅力。

共和国的独立

　　摩尔多瓦被归入苏联后,因苏联的行政体制,其发展历程
与大多数苏联加盟共和国类似。人民的政治待遇、生活水平均
与苏联最高苏维埃的政策、决议和执行息息相关。在早期阶
段,苏联在推行政治理念时,执行了诸如对"阶级敌人"的划分、
定罪和放逐等政策,大量私人财产被充公,不愿意接受集体所
有制改造的人被发配到西伯利亚或哈萨克斯坦沙漠中去。大
规模的流放运动发生过三次,数以万计的人流离失所①。由于
一些决策上的失误,还出现了大规模的饥荒②。经济出现了严
重下滑,摩尔多瓦在"一战"和"二战"之间——和平时期奠定和
积累起来的微弱的资本运作资源,在强制集体主义运动中丧失
殆尽!

　　1953年以后,苏联的一项重要的转变便是开始着重发展共
和国的工业。随之越来越多的工厂被建造起来,轻工业和食品
加工业成为摩尔达维亚苏维埃社会主义共和国的新经济分支。
农业依然保留为重要的基础产业,并对整个苏联经济的振兴起
到了不可忽视的作用。20世纪80年代,"摩尔多瓦仅占苏联国

---

　　①　Olaru-Cemîrtan, Viorica. *Deportările din Basarabia* 1940-
1941, 1944-1956. ChiŞinău: Pontos, 2013, pp. 222-227.

　　②　Guzun, Vadim. *Imperiul Foamei : Foametea Artificială din
URSS Şi Impactul Asupra Spaţiului Românesc* : 1921-1922, 1931-1933,
1946-1947. BucureŞti: Filos, 2014, p. 402.

土面积的 0.152％和人口总数的 1.5％,却在 15 个加盟共和国中粮食产量排行中占据了第六的位置。为整个苏联提供了 25％的葡萄酒、25％的水果蔬菜、20％的葡萄、40％的烟草和 10％的肉类"[1]。

但是在人文层面上,苏联继续对本地居民实行去民族化的政策,对摩尔多瓦持续不懈地建立苏维埃文化和摩尔多瓦民族身份,从而将其从原有的罗马尼亚文化和身份中剥离开来。摩尔多瓦人使用的语言被称为摩尔多瓦语,而非罗马尼亚语,在书写上由原来的拉丁语字母(罗马尼亚语)拼写强制转换为西里尔(俄语)字母拼写。尝试对语言进行变更的做法从沙俄时代开始沿袭至今一直没有得到改变。

此外,苏联还鼓励来自其他加盟共和国的不同民族人口进入摩尔达维亚苏维埃社会主义共和国,这些移民大多数来自乌克兰。他们被安置在城市中,任命于国内政府、工厂和公共机构的重要管理岗位上,而本地人则多被安置在工人岗位和农耕岗位上。苏联建造的这些工厂主要分布在摩尔达维亚苏维埃社会主义共和国的北部和东部城市中,形成了今日摩尔多瓦共和国内以俄语为母语的人口主要分布在北部和东部地区,并且城市人口大多数会讲俄语,而农村偏远地区人口不会讲俄语这一现实。

在 20 世纪 80 年代中期,看似强大的苏联经济昙花一现,开始快速恶化,最初各个产业出现停滞状态,随后便进入危机状态;社会生产力迅速下降,社会各界受到腐败的严重困扰。当时的苏联总书记米哈伊尔·戈尔巴乔夫实施了两项基础性

---

[1]　Dragnev, Demir, et al. *Republica Moldova-25 de Ani. Repere Istorice. Istoria Ştiinţei*. Chişinău: Academia de Ştiinţe a Moldovei, 2016, p. 26.

的改革——"开放性改革"和"政制改革",以寻求扭转这一非常的局势。"开放性改革"涉及全体公民的自由;"政制改革"则为一项会具体影响到经济、行政、政治和整个苏联外交关系的宏大计划。"开放性改革"在社会上迅速有了成效,产生了影响力;而"政制改革"则在其推行的最初便遭遇到了一系列严重的问题,无法推进。这致使经济不断滑坡,削弱和放弃了苏共的领导地位,反对派趁势崛起,社会动荡日益加剧。叶利钦等支持分裂的苏联高官们在政治斗争中获得优势,导致苏联局势急剧转折。

苏联的系统性危机给包括摩尔达维亚苏维埃社会主义共和国在内的各加盟共和国重新创造了民族意识复兴的机会。历史的轮回再次出现,20 世纪初,比萨拉比亚曾从沙皇的枷锁中挣脱出来,到了世纪末期又再次为摆脱苏联名义下俄国的统治而奋斗。事态发展之快就如同已积蓄多年的水坝,洪流在大坝出现裂痕之后以不可阻拦之势一泻千里。来自社会各界的巨大压力在 1989 年 8 月 31 日这一天井喷式地爆发了,成千上万的民众聚集在了当时被称为胜利广场的市中心广场上,摩尔多瓦历史上称之为"第一次大国民集会"。人们最强烈的要求之一便是恢复用拉丁字母书写自己的语言。在使用西里尔字母拼写罗马尼亚语近五十年后,在 8 月 31 日这一具有历史意义的一天,摩尔达维亚苏维埃社会主义共和国最高立法机构颁布法令,恢复用拉丁字母书写自己的语言(法令中语言的名称继续为摩尔多瓦语)。为纪念自己语言恢复的这一天,摩尔多瓦首都基希讷乌市中心的一条主街道便以"8 月 31 日"命名,同时设定每年 8 月 31 日为"语言日",如今"语言日"是摩尔多瓦共和国最重要的法定节日之一。

在事态的深入发展中,一个关键的时间段是 1990 年 2 月

25 日—3 月 10 日。在此期间,摩尔达维亚苏维埃社会主义共和国进行了一场重要的选举——对最高苏维埃中的代表们进行选举,结果推动民族复兴运动的代表们走向联合。联合后的代表们成为最高苏维埃中的最大组成部分,这对民族复兴运动产生了重大影响。这些支持摩尔多瓦独立的代表们主要由两部分具有不同理念的人群构成:一部分是以学者、教授、专家、记者、作家等为代表的知识分子群体;另一部分则是在国家中具有相当影响力的部分共产党员。这两个群体的人员为国家的独立而"离奇"地统一了战线,但双方对争取独立却抱有不同的目的。

这次选举使得最高苏维埃在摩尔多瓦独立前就以"第一议会"这个特有的名称永久地留在了历史上,因为新选举而组成的最高苏维埃所通过的法案,最终在政治层面上确立了摩尔多瓦共和国为一个独立的国家。1990 年 4 月 27 日,最高苏维埃颁布《国旗法》,蓝、黄、红三色旗成为正式代表摩尔多瓦主权的符号象征。同年 6 月 23 日,同一机构通过了《摩尔多瓦苏维埃社会主义共和国主权宣言》。

面对摩尔多瓦即将脱离苏联的局势,莫斯科做出了"决定在摩尔多瓦建立两个起牵制作用区域"①的决定。一个区域为德涅斯特河左侧的地区,也就是构建摩尔达维亚苏维埃社会主义共和国时加入的"左岸"地区。另一区域位于摩尔多瓦南部,因历史原因,这一区域居住着大量因不信仰伊斯兰教而从奥斯曼帝国迁移至此的加告兹人。无独有偶,苏联政权在格鲁吉亚这个意在从苏联独立出来的国家也建立起了相似的、具有分裂

---

① Cojocaru, Gheorghe. *Separatismul în Slujba Imperiului.* Chișinău: Civitas, 2000, p. 5.

意识的区域。苏联内务部将军队驻扎进了"左岸"地区,对该地区的新"政权"进行保护,同时对基希讷乌施加压力。当时尽管"第一议会"强烈谴责了这一行为,但摩尔多瓦无力阻止"左岸"地区在迪拉斯波尔(Tiraspol,"左岸"地区的行政中心)宣称独立,成立"德涅斯特河左岸摩尔达维亚苏维埃社会主义共和国"(1990 年 9 月 2 日)。然而时至今日,全世界无一国家承认该地区为一个"国家"。

当时的苏联最高领导人米哈依·戈尔巴乔夫提出了签署加盟共和国之间新联盟协议的建议。然而戈尔巴乔夫的建议却再次导致了人山人海的示威游行,在这次被称为"第二次大国民集会"的游行中,人们拒绝新的联盟协议。在民众强烈的抵制声中,"第一议会"暂停了摩尔多瓦代表在莫斯科出席商讨苏联未来走向的会议。

莫斯科的第四次苏联人民代表大会决定于 1991 年 3 月 17 日在苏联境内举行维持苏联体系的全民公投。但包括摩尔多瓦在内的 6 个加盟共和国(爱沙尼亚、拉脱维亚、立陶宛、格鲁吉亚和亚美尼亚)均决定拒绝参加公投,并呼吁人们抵制公投。在这一事件中,"左岸"地区和加告兹地区拒绝了"第一议会"的决定,遵循中央政府的指令,参加了公投。最后摩尔多瓦仅有 30% 的人口参加了公投,这一结果不同于当时其他加盟共和国 80% 左右的投票率。如此低的投票率使得摩尔多瓦的投票结果未能产生法律效力,因为法定公投的投票率不得低于 70%。① 这释放出了一个明确的信号,摩尔多瓦大多数人意在独立。这样的情形下,5 月 23 日摩尔多瓦苏维埃社会主义共和

---

① Caşu, Igor. *Rssm şi Referendumul cu Privire la Păstrarea URSS din 17 martie* 1991. Radio Europa Liberă, din 17. 03. 2011. https://europalibera.org/a/2341090.html,2018 年 9 月 16 日。

国更改国名为"摩尔多瓦共和国"。7月4日,《摩尔多瓦共和国公民法》颁布,该法案为当时苏联加盟共和国中最具包容性的公民法。该法律规定对生活在这片土地上的居民,不论他们的族裔、语言、居住时间的长短以及其他差异,均将赋予新共和国公民的身份。

关于在莫斯科针对加盟共和国签署新的主权国家联盟协议的讨论,实际在一定程度上认可了这些国家的主权。新联盟协议的签署被安排在1991年8月20日,地点为莫斯科。然而当时苏联共产党内部的保守派力量却组织了一场"政变",目的是将自由派移除,恢复苏联原有的集权模式,并阻挠新联盟协议的签署。这场"政变"以失败告终,原因是当时苏联社会也已松动,大批民众走上街头,对保守派进行抗议。但这样的混乱也导致了新联盟协议签署的流产。

在莫斯科爆发要求自由和民主的大规模社会运动的背景下,苏联各加盟共和国纷纷宣布独立。1991年8月27日,几十万摩尔多瓦民众走上街头要求宣布独立。同一天,摩尔多瓦国会召开特别会议,在会议上代表们听取了民众的呼声,包含40名少数民族族裔的277名代表,全体投票通过了《摩尔多瓦共和国独立宣言》。独立宣言声明:"摩尔多瓦共和国是一个主权独立、民主、自由的国家,将在不接受任何外界干涉的情况下决定自身的现在与未来。"最先承认摩尔多瓦为独立国家的是罗马尼亚和格鲁吉亚,它们在《摩尔多瓦共和国独立宣言》公布的当天便承认了摩尔多瓦共和国。中国于1991年12月27日承认摩尔多瓦共和国的独立。

独立后的摩尔多瓦

　　独立后的摩尔多瓦放弃了苏联时期的政治体制。今天的摩尔多瓦是一个议会共和制国家,采取民主制原则,政治上多元化。1994 年 7 月 29 日,摩尔多瓦议会通过了第一部宪法。宪法对国家政体做出了规定,国家实行"三权分立"制度,立法权、司法权和行政权各自独立行使、相互配合、相互制约。立法权属于摩尔多瓦议会。议会是国家唯一的立法机关,凡是涉及经济民生的重大问题,以及法案的设立均须通过议会,此外,议会还是人民的最高代表机构。司法权属于法院系统,宪法法院为独立法院,保障宪法至上,确保实现国家"三权分立",保障国家对公民和公民对国家的责任,并负责对其他法案,甚至是宪法修正案,以及议会、总统、总理等的命令进行裁定是否违宪。宪法为摩尔多瓦的最高法律,任何与宪法抵触或矛盾的法律、规定均不具备法律效力。宪法规定国家的主权属于人民,人民的意志是国家权力的基础,人民的意志通过自由选举来体现。行政权属于摩尔多瓦总理,总理为政府的首脑,负责政府内阁的组建;国家的元首为总统,国家的首要任务是保护人的尊严、权力、自由,以及个性的自由发展。在法律和权力面前人人平等,公民享有言论自由、信仰自由、结社自由、迁移自由、创作自由等;宪法规定摩尔多瓦为永久中立国,不允许外国武装力量驻扎境内。摩尔多瓦转变成了一个西方政治体制的国家。

　　从经济角度来看,摩尔多瓦依然是一个以农业为基础,并努力发展工业的国家。摩尔多瓦的主要城市有基希讷乌、伯尔兹(Balti)、蒂拉斯波尔(Tiraspol)、本杰里(Bender)和勒布尼察(Ribnita),这些城市也为共和国的工业中心所在。

首都基希讷乌基本位于摩尔多瓦的地理中心,是国家的政治、经济、文化、教育中心,占地面积635平方公里,其中市区面积为120平方公里,共分为5个行政区域:中心区(Centru)、雷石干区(Rîscani)、波塔尼卡(Botanica,名字来源于本区设有的一个大型植物园)、邱坎纳区(Ciocana)、普尤坎区(Buiucani)。基希讷乌的注册人口为82万①,占全国总人口的23%。

作为首都,国家重要的行政、司法、文化等机构均设立于此,如摩尔多瓦政府大厦、议会大厦和总统府等。它们主要分布在核心主街道——斯特凡大街的两侧。政府大厦位于市中心大国民集会广场的正前方,大国民集会广场紧靠斯特凡大街。而对面,穿过斯特凡大街便是市中心公园,公园中的主教教堂与政府大厦遥相呼应。在政府大厦的左侧便是斯特凡中心公园,著名的斯特凡大公铜像便屹立在斯特凡中心公园的门口。沿着斯特凡大街继续向西北方向走,随即映入眼帘的便是国家大剧院。国家大剧院与摩尔多瓦议会大厦面面相对。沿着斯特凡大街继续向西北方走,很快在右手侧便可看到一座造型现代,有白墙和金边相饰的建筑物,这便是摩尔多瓦的总统府。

基希讷乌同时也是学术、科研、教育中心。该城市拥有25所高等院校,其中重要的有:摩尔多瓦国立大学、摩尔多瓦农业大学、摩尔多瓦经济研究院、摩尔多瓦技术大学、摩尔多瓦医药大学、基希讷乌音乐戏剧与美术学院、摩尔多瓦自由国际大学

---

① 基于2018年摩尔多瓦共和国人口普查数据。

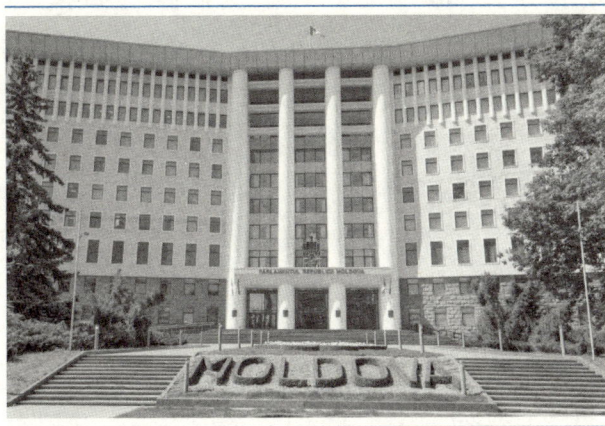

摩尔多瓦议会大厦

(私立)等。摩尔多瓦科学院以及最高学术鉴定理事会也均设在基希讷乌。

基希讷乌拥有全国75％的商业化公司,这使得基希讷乌的工业产值占到全国工业产值的一半以上,是国家名副其实的工业重镇。重要公司的总部均设在基希讷乌,像华为、中兴等外资企业的办事处也均设在基希讷乌。在产业结构上,基希讷乌以工业为主体,主要包括消费产品、电子产品、建筑材料、机械、塑胶、橡胶与纺织等制造业。这些制造业在该城市国民生产总值中所占比例最大,达到78.7％。2017年制造业的生产总值为220亿摩尔多瓦列伊,约合12亿美金。

在摩尔多瓦的北部,有一座被人们称为"北方首都"的城市——伯尔兹。在罗马尼亚语中"伯尔兹"有"水洼"的意思,这是因为这座城市建于三座山丘之上,其中德涅斯特河的支流在两座山丘间流过,很容易成为积水之地。基于2018年人口普查数据,伯尔兹拥有15万注册人口,按人口计算是仅次于基希讷乌的第二大城市。该城市行政面积为78平方公里,市区面积为41.42平方公里,位于基希讷乌以北127公里处。

由于伯尔兹所在之地曾广为沼泽,这座城市的下方多为肥沃的黑钙土,这对农业的生产极为有利。历史上,伯尔兹曾广泛种植烟草。在苏联时期,该城市曾设厂生产潜艇的声呐设备、发动机、地铁车厢等军工、重工产品。如今伯尔兹是摩尔多瓦北方的经济中心,不仅进行葡萄酒、糖类、榨油、肉类、面粉等食品加工,还生产建筑材料、纺织品、化工产品、农耕器械等。食品加工业和制造业成为伯尔兹的主要经济支柱。因苏联时期大量工厂建立于此,当时大量苏联专家和俄罗斯移民在此定居,形成了伯尔兹超过三分之一人口的母语为俄语的现状①。

摩尔多瓦的第三大城市为蒂拉斯波尔,位于摩尔多瓦东部,德涅斯特河左侧,是"德左"地区的行政、经济中心。因政治原因,在苏联解体后,该地区一直尝试独立,并造成了举世瞩目的"德左"问题。如今,该地区实际上属于自治状态,但全世界无一国家承认其为"主权独立的国家"。

根据蒂拉斯波尔2015年的统计数据,该城市拥有人口12.9万,其中42%为俄罗斯族、33%为乌克兰族和15%为摩尔多瓦族(罗马尼亚族),该地区人口以说俄语为主。相对基希讷乌,该城市具有更为浓厚的苏联风格。

摩尔多瓦独立后,通过一系列的改革,发布大量法案法规,将经济模式从原先的计划经济向市场经济进行过渡,大量公有制企业改制为私有制企业。摩尔多瓦第一任总统曾说"私有化是经济改革的基石",摩尔多瓦通过立法对私人财产进行保护。目前摩尔多瓦存在三种所有制形式:国家所有、私人所有、公私合营。

---

① 基于2014年摩尔多瓦人口和住房普查数据,37.9%的人口母语为俄语。http://statistica.md/,2019年1月23日。

　　在建国初期,受到苏联解体的影响,共和国经济极度困难,国民生产总值下降,通货膨胀严重,人民生活困难。1994 年左右,摩尔多瓦在世界银行的帮助下,开始进行经济结构改革。改革初期,经济出现好转,但随后因国内政治力量的争斗,导致混乱,经济改革未能达到预期目标。在经过一段相对较为平稳的发展后。1998 年,世界金融危机爆发,当时摩尔多瓦的出口市场单一,主要依赖俄罗斯市场,而俄罗斯受金融危机影响严重,摩尔多瓦出口停滞。摩尔多瓦列伊大幅贬值,货币价值的急速下跌导致国内商品交易也几乎停滞,工资无法发出,包括养老在内的社会保障体系也无法正常运转,成为共和国独立以来经济局面最为糟糕的阶段。生活质量的急剧下降引发了共和国的第一次移民浪潮,大量的年轻劳动力外出海外务工,将收入汇回国内以支持家庭开支。据摩尔多瓦国家银行的统计,2000 年海外务工人员的外汇资金就超过了 15 亿美金,占到当年国民生产总值的 11.9％。外出务工人员汇回国内的资金逐步成为共和国一项重要的外汇收入。2016 年,外汇资金达到了107 亿美金,占国民生产总值的 15.9％。

　　金融危机过后,摩尔多瓦对自身的出口市场进行了多元化处理。1997 年,摩尔多瓦出口商品中的 58％销往俄罗斯,12％销往其他苏联加盟共和国,到了 2012 年已转变为:外销产品中30％销往俄罗斯,13％销往其他独联体国家,47％销往欧盟。在这一阶段中,摩尔多瓦经历了一个较快的经济发展阶段,GDP 年年提升。2000 年至 2010 年 GDP 平均增长率为 5.1％,其中 2000 年至 2004 年更是超过了 7％。人民的生活得到了好转,但由于底子差,经济的发展基于从国外汇回的热钱,实则为不可持续性发展的经济模式,共和国整体依然贫穷。

　　摩尔多瓦政府参考了巴西、埃及、玻利维亚等国的发展策略,制定了国家"提升经济,消除贫困"的战略。该战略中总结分析了国家以往的经济发展情况,认为目前阻碍国家经济发展的主要问题存在于教育、道路、金融和商业环境这4个方面,同时司法审判中的不公也损害了国家经济的发展,尤其体现在商业运作和投资环境上。要确保经济的增长和消除贫困则应对这四大方面的问题进行优先解决。该战略提出国家的发展将优先集中在以下7点:

(1)调整教育体制,以适应劳动市场的需要。在经济运作中增强劳动力的素质与能力,提高就业率。

(2)提高对国内公共领域的投资。改善道路基础设施,降低运输成本和提高运输效率。

(3)通过提高金融机构内的竞争程度和发展风险管理机制来降低预算。

(4)通过出台刺激竞争力的政策、进一步完善金融体制框架规则以及充分利用信息技术来达到为企业和全民改善商务环境的目的。

(5)通过提高能源使用效率和利用可再生能源来降低能源使用成本。

(6)通过修正养老金系统来实现合理的养老金与工资间的平衡。

(7)通过提升司法系统的公正性和效率,以及推进反腐工作来确保公众利益。

2012年,摩尔多瓦议会批准了政府提交的《2020年国家发展战略:关于7个经济增长点和解决贫困的方案》,该方案正式成为指导国家2012—2020年发展的主导性政策。在该政策的指导下,摩尔多瓦正在调整法案法规,完善体制,一些初步的成效已经可见。

共和国今生的困惑

今日的摩尔多瓦共和国仍要面对历史遗留下来的种种问题。其中有些问题的种子早在2个多世纪前就已埋下,如今它们继续撕扯着这个社会,周而复始地将混乱与危险带到这片土地上。对于这些棘手的问题,总是有不同的观点、不同的声音,今天它们往往成为政客们进行激烈论战时的工具。社会的凝聚力因这些问题的争论而减弱,大量时间和精力被消耗。毫无疑问,这些问题阻碍了这个国家的发展。

在今天的摩尔多瓦共和国,如果询问民族和语言的归属问题,则不同的人群会给予不同的答复。那些生活在一起的少数族裔人群会毫不犹豫地、明确地回答他们是乌克兰族、俄罗斯族、犹太人等等,并且各自使用着他们自己的语言。但社会的主体人群对此又存在着另一个更为尖锐的争论:部分人说他们是摩尔多瓦人,自己的语言为摩尔多瓦语;另一部分人则说他们是罗马尼亚人,讲的是罗马尼亚语。对于前者而言,他们的主要论点为:这个国家叫作摩尔多瓦,作为生活在这个国家的人应该是摩尔多瓦族,所讲的语言自然是摩尔多瓦语。而后者则会一股脑儿地报出数十个国家的名字,强调国家的名字和语言的名字无关,并进一步阐明今天的摩尔多瓦共和国是一个"人为制造"出来的国家。这个国家的出现是比萨拉比亚在1940年被苏联占领后,在没有遵循民族统一原则的情况下切割出来的。这样的争论在双方不断引出新论点的情况下,会永无休止地继续下去。关于双方的论点,我们不再进行过多的引述,但这样的冲突缘何而起,为何成为今天共和国社会中的一个"烫手山芋"?

摩尔多瓦社会在民族和语言认同方面的困惑起源于 19 世纪沙俄帝国将其占领后开始实行的"去民族化"和"俄罗斯化"政策。在当时,沙俄对新占领的土地持续性地用"摩尔多瓦"这个概念来替换原有的"罗马尼亚"概念。相同的政策在苏联时期被继续执行,并进一步深化。然而民众对摩尔多瓦身份的认同感尚未完全建立,这一过程便因苏联解体而终止,因此摩尔多瓦共和国当下的社会正在一种"双重身份"共存的情况之下运转。这样的情形被独立后近 30 年的事实所证明,民族身份和语言名称不仅自身成了难题,而且作为人们一种内在的自我认识,进一步导致了大量的国家和社会问题。这使得摩尔多瓦共和国独立后的年代与已经历过的沧桑一样,极具挑战性。摩尔多瓦作为一个独立的国家,不得不定义自己的国家身份,然而定义国家身份的过程却是一个痛苦的进程。在这一过程中,权力阶层出于自身利益的考虑,时常在两个观点之间来回摇摆,在为获取民众支持和对社会控制的双重诱因下,有时又会刻意强化其中之一,导致了这个"烫手山芋"的温度居高不下。

独立后的共和国经历了三个明显的不同阶段。不同的政治主张分别作用在这三个阶段中,三个阶段呈现出对民族身份、语言名称、国家走向的不同观点。每个阶段都以社会产生动荡性的事件而结束。

第一阶段(1989—1992 年)——浪漫幻想的岁月和"德左(左岸)"冲突。

在这一阶段中,政治层面上一个重要的论调便是重新申明原有的罗马尼亚价值体系。推进这一观点的人群主要是知识分子和那些当年为争取民族解放而斗争过的人。在 1990 年 2 月 25 日—3

月 10 日的摩尔达维亚苏维埃社会主义共和国最高苏维埃表决中，这些人士与权力阶层联合，推进了罗马尼亚价值观念。然而权力阶层其实与知识分子抱有不同的理念，他们主要是利用民族主义来实现独立，从而摆脱莫斯科的控制，这一点在建国后便显现了出来。

通过对国家独立这一共同目标的追求，两个团体的合作导致了一系列恢复罗马尼亚民族身份的重要法案被通过：蓝、黄、红三色旗被设定为国旗；《醒来吧，罗马尼亚人》这首罗马尼亚国歌也成了摩尔多瓦共和国国歌；恢复拉丁语字母的文字书写习惯；中小学的授课体系中引入了罗马尼亚历史和罗马尼亚语言与文学课程；就连国家新的货币也被赋予了和罗马尼亚货币一样的名称——列伊(Leu，本意为狮子)。

共和国的发展方向明显地表现为与罗马尼亚走近，表现出了与罗马尼亚合并的趋势。与此同时，1991 年罗马尼亚发布新的《国籍法》，这项法案明确了"通过出生或收养获得过罗马尼亚公民身份，但因其无法控制的原因而失去罗马尼亚公民身份，或在没有意愿的情况下被剥夺罗马尼亚公民身份的人，以及他们三代以内的子女，可以重新获得罗马尼亚公民身份"。同时摩尔多瓦和罗马尼亚两个国家均承认了双重国籍的有效性，根据这项法案，摩尔多瓦有大量人口申请并获得了罗马尼亚国籍。[1] 然而原有的政治力量为保全自己的权力体系，并不愿看到摩尔多瓦与罗马尼亚合并。在这种政治背景下，加告兹

---

[1]　Victoria Cojocariu. "Cât de accesibil este dreptul la redobândirea cetățeniei române?" *Centrul pentru Inovare Publică*，2016，p. 5. http://inovarepublica. ro,2018 年 11 月 29 日。根据该项研究数据，至 2016 年大约已有 80 万人申请加入了罗马尼亚国籍，其中绝大多数来自摩尔多瓦共和国。

族和来自德涅斯特河"左岸"地区的议员们宣布了他们自己的身份，并公开要求独立，加入俄罗斯联邦。随后便爆发了举世瞩目的"德左"地区军事冲突事件。

德涅斯特河"左岸"的冲突可以追溯到摩尔多瓦共和国独立之前。在 1990 年 6 月 23 日的摩尔达维亚苏维埃社会主义共和国最高苏维埃全票通过《摩尔多瓦苏维埃社会主义共和国主权宣言》后，莫斯科就已开始担心摩尔多瓦脱离苏联。为了防止事态的进一步发展，将摩尔多瓦留在苏联境内，莫斯科利用了分裂主义势力——"德左"地区的代表们在基希讷乌进行主权宣言投票后，又于 1990 年 9 月 2 日在"德左"地区宣告了在苏联框架下的"德涅斯特河左岸苏维埃社会主义共和国"的自治。苏联内务部的军队被部署在"德左"地区，在防止基希讷乌对其进行干涉的同时，也意在迫使摩尔多瓦政府放弃任何独立的想法。

显而易见的是摩尔多瓦并没有打算改变其原有的诉求轨道。在分裂势力开始对"德左"地区进行夺权后，分裂势力与合法当局发生了冲突。当时的情况对基希讷乌而言非常棘手，因为它并没有军事武装力量去应对，当时事态的控制完全是由警察力量来进行的。在 1992 年 3 月 2 日，摩尔多瓦获得联合国会员国身份后，"左岸"的分裂势力复燃。为了应对日益严峻的情形，摩尔多瓦决定动用刚刚组建的军队平息动乱。然而当时在莫斯科的支持下，分裂势力在当地组建起了包括来自俄罗斯雇佣兵的两万余人武装力量。[1] 双方发生了惨烈的冲突，僵持

---

① Ṭâcu, Octavian. "República Moldova de la Comunism la Integrarea Europeană". *Istoria Ilustrată a României și Republicii Moldova*. Pop, Ioan-Aurel and Bolovan, Ioan, Ed. 3, Vol. 6, București: Litera, 2017, p. 496.

不下。事件发生转折是因驻扎在"德左"地区的原苏联第 14 集团军的介入。这支军队本属于苏联,后被改编为俄罗斯军队。这支军队的装备远远好于当时的摩尔多瓦军队的装备,交火后双方实力过于悬殊,战争的结果显而易见。在这种情况下,基希讷乌与莫斯科在 1992 年 7 月 21 日签署协定,以求和平解决"德左"冲突问题。该协议规定这支俄罗斯军队将逐步从摩尔多瓦撤出,关于撤出的最后期限则另行商定。现实是直到今天,在摩俄双方已签署数个撤军协议的情况下,该军队依然驻留在摩尔多瓦境内("德左"地区)。

基希讷乌对"德左"地区彻底丧失了控制。至此,对于恢复罗马尼亚民族身份的呼声开始逐渐被"亲近罗马尼亚会在地缘政治上给国家带来巨大危险"的观点所取代。共和国浪漫的民族主义情结与现实的地缘政治惨烈地碰撞了。

第二阶段(1993—2008 年)——摩尔多瓦国家主义时代与亲俄路线。

"德左"事件成为共和国发展的一个转折点,这一点不仅表现在政治方向上,就连宗教领域也同样卷入了地缘势力的争斗之中。1993 年,政府只承认国内俄罗斯正教会下属的东正教教堂,而不承认罗马尼亚正教会下属的东正教教堂的合法性。这一情形直到 10 年后欧洲人权法庭对摩尔多瓦宗教信仰自由做出裁判后才得以改变,政府开始承认罗马尼亚正教会领导下教堂的合法性。

1994 年 2 月 27 日的选举将本国苏联时期的政治力量带回了议会,这标志着新政府在政治层面上转向了亲近俄罗斯。新政府开始尝试为独立后的共和国找到"正统"的历史。政府将共和国定义为:曾被沙俄帝国、奥地利帝国、罗马尼亚王国、苏联以及其他外国势力所分割、占据过的摩尔多瓦公国的继承者。然而对于摩尔多瓦公国的首都从未设立在今天摩尔多瓦共和国这片土地上的史实却只字未提。事实是摩尔多瓦共和国的大部分区域(除"德左"地区)曾经为摩尔多瓦公国的一个"省",而摩尔多瓦公国首都雅西在 1859 年后就变成了罗马尼亚的组成部分。政府采用了沙俄时期创造出来的"摩尔多瓦民族"和"摩尔多瓦语"的概念,并将其视为摩尔多瓦共和国建国的基本先决条件。

　　根据新的主导性政策,1994 年 6 月 7 日,原先的国歌被曲目《我们的语言》所取代,新国歌沿用至今。同年,议会通过了含有"摩尔多瓦共和国的国家语言为摩尔多瓦语"的宪法。针对宪法中这样的措辞,摩尔多瓦科学院通过一项决议,决议中写明:"摩尔多瓦共和国国家(官方)语言的正确名称是罗马尼亚语。"①国家科学院多次重申这一决议,但宪法至今仍然保留"摩尔多瓦语"的措辞。1995 年,政府尝试在中小学和大学的课程规划中将"罗马尼亚历史"和"罗马尼亚语言与文学"课程换成"摩尔多瓦历史"和"摩尔多瓦语言与文学",但最终在师生的大规模抗议声中不了了之。

　　德涅斯特河"左岸"的问题成为国际社会关注的一个焦点,1999 年 11 月 18 日—19 日在伊斯坦布尔举行了欧安组织首脑会议,会上就"德左"问题进行了讨论。俄罗斯"承诺在 2002 年底之前完成俄罗斯军队从摩尔多瓦境内撤离"②。然而迄今俄罗斯军队仍留在摩尔多瓦共和国境内。

---

　　①　Hotărîrea Prezidiului Academiei de Ştiinţe a Moldovei nr. 73 din 09. 09. 1994 menţionată în Hotărîrea Consiliul Suprem Pentru Ştiinţă şi Dezvoltare Tehnologică al Academiei de Ştiinţe a Moldovei nr. 167 din 07. 07. 2016, http://asm. md/,2018 年 9 月 23 日。

　　②　https://osce. org/mc/39569,2018 年 9 月 17 日。

在 2001—2008 年间,摩尔多瓦政府将国家主义推行到了前所未有的高度。国会于 2003 年 12 月 19 日通过了关于摩尔多瓦共和国民族政策的法案,该法案实际上重申了之前的政策方针:摩尔多瓦民族是"构成这个国家的基础民族",与"乌克兰族、俄罗斯族……罗马尼亚族、保加利亚族……"共同构成了摩尔多瓦人。① 在该法案的作用下,许多法律条文和公共机构的名称开始改变。比如,2003 年,摩尔多瓦语-罗马尼亚语词典在基希讷乌出版发行,对此众多研究人员提出了严厉的谴责,科学院院长对这一词典给出了"荒唐"的鉴定②。2006 年,基希讷乌市的一所罗马尼亚语-法语双语学校更名为摩尔多瓦语-法语双语学校。这一阶段社会两极分化严重,为族裔身份冲突最为激烈的时期。

同一时间段俄罗斯通过了新的《俄罗斯联邦国籍法》(2002年),这项法案允许苏联解体后目前没有国籍的人申请俄罗斯国籍,然而俄罗斯在执行法案时并未严格审查申请者的国籍背景,这使得大约 10 万摩尔多瓦人同时拥有了摩尔多瓦国籍和俄罗斯国籍③。

随着国家主义浪潮的高涨,政府的主导政策也呈现出倾向俄罗斯的迹象。摩尔多瓦的经济严重依赖俄罗斯,共和国的出

---

① Legea Parlamentului Republicii Moldova nr. 546 din 19. 12. 2003 privind aprobarea Concepției politicii naționale a Republicii Moldova, Publicat în Monitorul Oficial Nr. 001 din 01. 01. 2004,art. 24. http://lex. justice. md/,2018 年 9 月 22 日。

② Gheorghe Duca, președintele Academiei de Științe a Moldovei, citat în articolul Gheorghe Duca:Directorul tipografiei merită să fie demis din funcție,14. 12. 2011. http://duca. asm. md/,2018 年 9 月 22 日。

③ https://ru. sputnik. md/video/20160408/5845653. html,2018 年 11 月 30 日。

口超过半数销往俄罗斯,比如 1997 年全国出口商品中 58％销往俄罗斯,12％销往其他苏联加盟共和国。这样一种出口单一的经济模式随后便显露出弊端,在 1998 年的金融危机中,俄罗斯经济下滑严重,受此影响,摩尔多瓦列伊大幅贬值,货币价值的急速下跌导致国内商品交易几乎停滞,工资无法发出,包括养老金在内的社会保障体系也无法正常运转,整个国家陷入混乱之中。生活质量的急剧下降导致了共和国的第一次移民浪潮,大量年轻劳动力前往海外务工。尽管依赖单一市场已造成如此严重的后果,但摩尔多瓦并未将国际市场多元化,在政治层面上也未有大的变动,继续执行与俄罗斯亲近的政策。摩尔多瓦政府与俄罗斯签署了大量协议,双方的关系进一步加强,在此形势下,俄罗斯向摩尔多瓦提出了解决"德左"地区问题的建议,这一建议方案被称为《实现国家统一框架基础原则备忘录》。该方案建议摩尔多瓦转变为联邦制国家,在新的联邦制国家议会中,席位比例调整为:30％来自"德左"地区,20％来自加告兹地区,50％则属于剩下的地区,并允许俄罗斯在摩尔多瓦驻军直到 2020 年。方案的内容公布后引发了大规模的抗议,摩尔多瓦人民清醒地认识到这是俄罗斯想再次控制整个摩尔多瓦的信号,共和国总统拒绝了这一方案,摩尔多瓦与俄罗斯的关系由此出现裂痕。裂痕越变越大,摩尔多瓦开始呈现出亲近欧盟的趋势。2005 年 2 月 22 日,摩尔多瓦与欧盟签署了个别行动计划。签署后,欧盟和美国同意以观察员的身份参加谈判,谈判方式转变为"5＋2"模式:"2"为摩尔多瓦和"德左"地区;"5"为 3 个调停方(欧安组织、俄罗斯、乌克兰)和 2 个观察员(欧盟和美国)。对于该计划的签署,俄罗斯对摩尔多瓦做出了严厉的制裁。2006 年冬天,俄罗斯切断了对摩尔多瓦的天然气供应,整个国家的供暖被迫中断。两周后,俄罗斯同意恢复天然气的供应,但价格由原来的每立方千米 80 美元上涨至 110 美元,但这只是恢复供气后头 6 个月的价格,6 个月之后价格为 160 美元。同年 3 月,俄罗斯发布法令禁运摩尔多瓦红酒,这一禁令持续了一年半,直到两国关系回暖。

2009 年 4 月 7 日,民众认为刚刚完成的议会选举存在舞弊,于是在大国民集会广场上再次举行了大规模的抗议活动。30000 民众聚集在了政府大厦与议会大厦前,要求重新进行议会选举。① 愤怒的人群很快便失控了,议会大厦和总统府遭到损坏,警民发生冲突,议会在此次抗议之后自我解散。新一轮的议会选举在 7 月 29 日启动,亲近欧盟并支持摩尔多瓦加入欧盟的数个政党赢得了选举。政府的更替也再次导致了在政治层面上对民族身份和语言认知的转变。

第三阶段(2009—2016 年)——欧洲一体化。

新政府上台后,推出了一系列亲近欧盟的政策,外交上呈现出极强的"加入欧洲联盟"的意愿。新政府与欧盟签署了一系列协定,欧洲一体化成为人们每天挂在嘴边的议题。在这样的背景下,针对国内的舆论导向,政府开始使用"欧洲人身份"的概念,欧盟的口号"在多元化中联合"被尝试在摩尔多瓦进行实践,原有的"摩尔多瓦族""罗马尼亚族"等民族概念被弱化了。社会的舆论焦点由原来民族身份的认同问题,转变为在"欧洲人"这个概念下国家的走向问题。摩尔多瓦社会中由语言名称而导致的对立、冲突得到了缓解。这里,值得说明的是,关于民族认同的争论虽然不再像以前那样激烈、尖锐,但其实"欧洲人"这一概念并不可能真正取代民族的概念。在社会上

---

① https://zdg.md/editia-print/social/7-aprilie-2009-cronologia-evenimentelor,2018 年 9 月 22 日。

不时能听到坚持自己是罗马尼亚族的人们这样感叹："罗马尼亚已经加入欧盟了,等我们加入欧盟后,自然就回归罗马尼亚了。"而在坚持自己是其他族裔的人群中,一些则只表现出对欧盟高质量生活的向往,另一些则反对加入欧盟,他们认为拥抱俄罗斯或不结盟才是国家应有的方向。

　　民族身份的问题其实并未得到实质性的解决,只是被暂时转移出了人们争论的范畴。关于语言名称,2013 年宪法法院做出判决:摩尔多瓦共和国的官方语言为罗马尼亚语。尽管学术界和法律界均已申明,但由于在政治层面上的问题,宪法依然未得到修改。这个困扰共和国的"寻根问题"还将继续下去。

　　在欧洲一体化政策的推进下,摩尔多瓦社会的发展似乎呈现出良性的一面,部分西方领导人对摩尔多瓦进行了访问,其中包括美国前副总统拜登。摩尔多瓦被西方称为"东方合作伙伴中的成功故事"。2010 年 1 月,摩尔多瓦与欧盟就联系国协定进行谈判。在联系国协定谈判中包含了与欧盟间"自由贸易"的协商,欧盟与摩尔多瓦的自由贸易,同样面向"德左"地区。同年 6 月,摩尔多瓦与欧盟之间的《签证自由化行动计划》得到启动。

　　为了减少对俄罗斯能源的依赖,摩尔多瓦共和国加入了能源协定国(原东南欧能源协定国),并且展开了关于连接摩尔多瓦与欧盟间能源管道网络的讨论。一条途经罗马尼亚从欧盟进入摩尔多瓦的天然气管道于 2013 年开始修建,2014 年 8 月开通。该管道的天然气输送能力为每年 15 亿立方米,完全可以满足摩尔多瓦(不包含"德左"地区)的消费需求。不过截至 2018 年,该管道依旧未能联通至摩尔多瓦的主要天然气网络,仅为温格内(Vngheni)市提供天然气。这些与欧盟快速融合的举动令俄罗斯担忧。2013 年 9 月,俄罗斯再次对摩尔多瓦进行制裁,对摩葡萄酒以及其他产品进行禁运,但不包括"德左"地区。然而这一次的禁运并未对摩尔多瓦产生致命性的打击,因为摩尔多瓦的出口市场已多元化。① 摩尔多瓦与欧盟计划2014年签署联系国协定,这也是俄罗斯对摩产品实行禁运的主要原因。尽管如此,联系国协定还是在2014年得到顺利签署,这是因为2014年俄罗斯无法将主要的精力放在摩尔多瓦身上,乌克兰这个计划与欧盟签署联系国协定的国家成了俄罗斯更为关注的对象。正因如此,2014年俄乌之间爆发了克里米亚战争。克里米亚战争爆发后,国际社会关于解决"德左"问题的呼声越来越强烈,最近的一次努力是联合国大会在摩尔多瓦共和国的倡议下,于2018年6月22日通过了A/RES/72/282号决议,要求"外国军队全部无条件撤出摩尔多瓦共和国领土"②。

联系国协定给摩尔多瓦带来了一些可见的利益。如:自2014年4月28日起,摩尔多瓦公民可免签进入欧盟;与欧盟间的自由贸易改变了摩尔多瓦的国际贸易方向,2016年摩对欧盟出口的总量占到本国出口总量的65％。然而看似美好的表面下却依然隐藏着重重危机,摩尔多瓦对国家重要部门的改革深度还远远不够。在2014年底,摩尔多瓦境内媒体开始广泛报道,有人在短时间内从3家银行窃取了超过10亿的美元。事后政府为了保证国家金融系统的正常运转,从国库提取资金填补银行空缺,国库因此形成的巨大空洞则平摊到了每一名摩尔多瓦人身上。政府计划在未来的25年时间里,从对每一名公民的预算中扣除这笔资金。这样的决定直接导致了民众对政

---

① 2012年,摩尔多瓦外销产品中30％销往俄罗斯,13％销往其他独联体国家,47％销往欧盟。

② http://un.org/en/ga/search/view_doc.asp? symbol＝A/RES/72/282&Lang＝C,2018年12月1日。

府的彻底失望。大规模游行再度爆发，人们要求政府下台，追回丢失的资金。巨额资金不翼而飞，人民生活负担加重，导致共和国出现了第二波移民潮，人们将这一时期称为"窃贼的世纪"。

民众的失望与愤怒再次导致了政治领导层的变更。2016年 11 月 30 日，新一任总统登上了历史的舞台，"摩尔多瓦民族"和"摩尔多瓦语"的观点又呈现出升温的趋势。2019 年 2 月24 日，摩尔多瓦议会首次新式选举拉开帷幕。共和国的走向自此也许会展现出明朗化的一面，然而对于现在的我们来说，这依然充满了不可预知的谜团。近 30 年的发展，共和国依然在这些根深蒂固的困惑中左右摇摆，难以释然。

东西方价值的共同承载者

　　纵观历史,两大价值观体系曾叠加在今日摩尔多瓦共和国所在的这片土地上。一方面,从地理位置的角度来看,这片土地位于欧洲大陆,紧靠西欧文明,因此摩尔多瓦共和国自然属于这一价值观体系。另一方面,历史的洗礼曾给这片土地带来了另一种不同的价值观体系,奥斯曼帝国对其控制了三个多世纪,沙俄帝国以及后来的苏联又统治了一个半世纪。因此,现今的摩尔多瓦社会呈现出两种不同价值观体系的特征,并以某种方式形成了两者之间的过渡。

　　价值观体现在方方面面,我们首先来了解摩尔多瓦共和国社会行为文化的基本特征。为此,我们将借鉴理查德·刘易斯(Richard D. Lewis)①在进行行为文化差异研究时所开发的文化类型模型来进行阐述。该模型定义了三种典型的行为文化类型:以德国为代表的"线性活动"文化类型,以西班牙为代表的"并发性活动"文化类型,以及以越南和中国为代表的"反应性活动"文化类型。这三种典型的文化类型均具有各自极为鲜显的特征。为了让读者快速了解三种文化类型人们行为处事的特征,我们使用了一个表格来简要归纳。

---

　　① Lewis, Richard D. *When Cultures Collide*. Boston: Nicholas Brealey International, 2006.

文化类型及行为处事特征

"线性活动"文化类型	"并发性活动"文化类型	"反应性活动"文化类型
严格按事先计划行事（忠于计划、遵守时间）	行为处事难以预测（计划容易变动、不守时）	当事人会按合作者情况的变化而做出调整（会灵活调整已做出的计划）
某一时刻只做一件事	同时做几件事	根据共事者的要求而决定
行事中以任务为主导	行事中以人为主导	行事中以人为主导
意见冲突时理性优先	意见冲突时情感优先	尽量避免冲突
内向、富有耐心；交谈简短，直击重点，声音小	外向、缺乏耐心；非常健谈，声音大	内向、富有耐心；交谈中更多聆听对方见解
遵循法定程序	尝试走捷径	利用人际关系网
相处中不愿受人恩惠	相处中寻求他人的恩惠	相处中注重"面子"
表达意见时注重信息的事实性	表达意见时注重自己的观点	表达意见时注重与他人之间的"和睦性"

　　根据理查德·刘易斯的观点，世界上的各种不同文化均处于这三种行为文化两两之间的交集中，会或多或少地表现出两者的共性。摩尔多瓦则处于"并发性活动"文化类型与"线性活动"文化类型之间，且更多地偏向于"并发性活动"文化类型，例如摩尔多瓦人善于同时处理几件事情，为人处世时较为感情化，所做出的计划易于变动等，同时在社会层面上确实存有避重就轻、机会主义和裙带关系等现象。这些行为特征对摩尔多瓦社会发展的负面影响是不言而喻的。接下来我们想探讨一下现在摩尔多瓦社会中关于婚姻、家庭的态度，以及他们热情好客的品性、对宗教的认识等等，同样我们也会提及摩尔多瓦社会对时间、权力的普遍看法和一些社会行为准则以及禁忌。

　　同世界上其他国家一样,在摩尔多瓦,家庭也被看作是社会构成的基本单位,换句话来说就是"家庭是社会的细胞"。根据现行法律的规定,摩尔多瓦实行一夫一妻制,婚姻是男女双方为建立家庭而自由结合的法律约束。换句话说,同居在摩尔多瓦的法律体系中并不受保护,摩尔多瓦的社会对"事实婚姻"的概念并不强。同样地,同性婚姻在摩尔多瓦不被允许,从某种意义上讲,在婚姻观上,摩尔多瓦处于较为传统和保守的一端。关于 LGBT① 组织,摩尔多瓦在法律层面上给予了它作为团体组织的合法地位,并允许其声张自己的权利,甚至可组织诸如游行之类的公众活动;但在社会层面上,该组织受到了绝大多数人的强烈反对,通常反对者们是通过宗教团体进行抗议性游行。2018 年在欧洲各国进行了一项针对 LGBT 人群权利状况的评估和排名,摩尔多瓦在 49 个国家中排第 43 位②,可见在欧洲范围内其对该群体的容忍度实则很低。这样的结果可以从摩尔多瓦绝大多数公民宣称自己为东正教基督徒中得到解释。

　　在摩尔多瓦,结婚通常包含三个标志性的过程:民政部门登记注册、宗教仪式和以庆祝为主的婚礼。摩尔多瓦法定的男女双方结婚年龄为 18 岁,在某些特殊情况下,经父母或监护人的同意,可以降低至 16 岁③,但社会上普遍的结婚年龄在 25 岁

---

　　①　LGBT 是女同性恋者、男同性恋者、双性恋者与跨性别者的英文首字母缩写。

　　②　ILGA-Europe. *Annual Review of the Human Rights Situation of LGBTI People in Europe*, 2018. https://rainbow-europe.org/,2018 年 9 月 10 日。

　　③　根据摩尔多瓦国家统计局关于结婚年龄的统计数据分析得出:20 世纪 80 年代,结婚人群中 66% 的人年龄不超过 24 岁;到了 2017 年这一比例降低为 33%。http://statistica.md/,2018 年 9 月 10 日。

及以上。当下的社会呈现出同居数量与结婚年龄的提高成正比的趋势,尽管摩尔多瓦法律不对同居行为进行保护,并且宗教团体也极力反对,但同居现象变得越来越普遍,特别是在年轻人之间。

摩尔多瓦社会整体呈现出"男权为主"的结构,男性往往是家庭中的主导者,女性则更倾向于听从丈夫的安排。在社会认识中,男性是家庭收入的顶梁柱、妻子与孩子的保护者,而女性则更容易被放置在抚养和教育孩子,以及处理家务的角色上,这种家庭分工中不平等的意识在一定程度上助长了在其他领域中两性的不平等。根据联合国妇女署(摩尔多瓦分部)做出的评估,"摩尔多瓦妇女继续面临在社会、经济以及政治上的歧视与不平等,她们在政治领域和在组织机构中进行管理、决策的数量仍然低于国际指数"①。为了不产生误解,我们应当指出,摩尔多瓦的宪法和普通法律均规定公民之间是平等的,不能以性别区分对待,日常生活中也未明显感受到妇女受到歧视,但从社会的整体数据来看,"存在男女工资相差悬殊,低收入岗位中女性占比更多,家庭责任和劳务分配不平等现象"。

结婚后,大多数情况下年轻夫妇会和他们的父母分开居住,建立自己独立的家庭,但子女与父母之间依然保持紧密且频繁的联系。父母不仅会继续以物质资助的方式来帮助他们刚刚结婚的子女,还会帮助照顾新生的下一代,但父母不会干涉子女们的生活。从这一点我们可以清晰地看到东西方价值观在摩尔多瓦的重叠:东方文化社会中,父母与孩子的关系始终紧密,即使孩子已成立自己的家庭;而西方文化社会中,孩子

---

①② *Gender Equality in Moldova*, http://moldova. unwomen. org/,2018 年 9 月 10 日。

成年后与父母的关系便逐渐疏远,且父母不会干涉子女自己的家庭事务。

根据摩尔多瓦的社会习俗,当父母年事较高后便会搬去和已婚的子女一起居住,子女应尽赡养老人的"孝道"。按旧时的传统,照顾高龄父母的责任落在子女中最为年轻的男孩身上。旧时一个家庭中的子女数量较多,年长的子女建立自己的家庭后便会离开父母家,而最年轻的那个结婚后依然和父母住在一起,对父母进行照顾并继承父母的房子。今天的情况则发生了变化,大多数家庭养育不超过 2 个孩子[①],并且很多年轻人移民至海外,因此对老人照顾的义务平摊到了每一个子女身上。

离婚,就和同居一样,在很长一段时间内受到社会的谴责,然而随着时间的推移,人们对离婚的态度也在悄然发生改变,变得不再像以前那样充满"敌意",如今因离婚而受到较为强烈谴责的现象仅在农村地区有时可见。与结婚率进行对比,摩尔多瓦的离婚率呈现出上升趋势。以 2017 年为例,每 100 对新人结婚,相应地便有 44 对夫妇离婚,而 30 年前的数据是,离婚夫妇的数量为 30 对。[②] 摩尔多瓦离婚率上升的原因之一是大量劳动力移民海外,很多夫妇中的一方为了支持家庭财政,前往它国务工。更有甚者,夫妻双方分别前往不同国家务工,这样的长期两地分居势必造成离婚率的上升。

宗教,无疑是反映摩尔多瓦社会价值观的又一重要事物。在今天的摩尔多瓦,宗教作为一门选修课程在中小学中开设,

---

① 摩尔多瓦国家统计局数据显示:2017 年,在摩尔多瓦有孩子的家庭中,51%的家庭有 1 个孩子,39%的家庭有 2 个孩子,10%的家庭有 3 个或更多的孩子。http://statistica.md/,2018 年 9 月 10 日。

② 摩尔多瓦国家统计局对 1980—2017 年摩尔多瓦离婚家庭的数据统计,http://statistica.md/,2018 年 9 月 10 日。

课程内容包括对宗教仪式和教义的学习。摩尔多瓦的宪政法律框架对公民的思想和宗教自由进行了保障,2017 年,有超过30 个宗教团体组织在摩尔多瓦进行注册。① 基于传统的文化习俗,宗教性的活动依然存在于人们生活中的所有重要时刻,包括且不限于出生、结婚以及过世。教堂在摩尔多瓦社会中扮演着重要的角色,对人们的意识、思想有着巨大的影响力,甚至可以说是人们对事物观点形成的原点,人们对教堂的信任度甚至超过对国家机构的信任度。② 在摩尔多瓦众多的宗教中,信仰人数最多的是东正教。2014 年最后一次人口普查显示,摩尔多瓦信仰东正教的人数达到人口比例的 90%。③ 基督教无疑深深烙进了人们的道德观和行为规范中,不过对于宗教中极力反对的,诸如同性恋、堕胎等,以及教会所支持的"男权为主"等,在社会中依然存在一定的不同声音。

　　热情好客是摩尔多瓦人民身上能够体现他们价值观的另一特质。关于这一点,早在 18 世纪,摩尔多瓦大公迪米特里·坎蒂米尔在他的编年史册《摩尔多瓦描述》中就写道:"他们(摩尔多瓦人)在迎接远方而来的客人和旅行者时的风貌是值得赞扬的,因为尽管他们因近邻鞑靼人(的入侵)而贫穷,但他们从未放弃过为来客提供食物和居所。……他们在款待来客时面

---

① 摩尔多瓦司法部,宗教团体组织及其分支,http://justice.gov.md/,2018 年 9 月 11 日。

② 周期性调查为一年两次,2017 年 4 月的调查结果显示,公民对各类机构信任度分别为:教会组织 68%(在调查报告中呈现出了最高的指数),媒体 54%,军队 46%,警察 46%,总统 43%,地方政府 42%。Institutul de Politici Publice. Barometrul Opiniei Publice aprilie 2017. http://ipp.md/, 2018 年 9 月 11 日。

③ 基于 2014 年摩尔多瓦人口和住房普查结果,http://statistica.md/,2018 年 9 月 11 日。

带微笑,就如同在接待自己的亲友兄弟一般……"①史书中对摩尔多瓦人的这番描述今天依然适用,来自其他文化背景的人对摩尔多瓦极为热情好客的习俗有时甚至会产生不适应感。摩尔多瓦人热情款待客人们并非是想得到客人们的回报,而是因为他们不分你我,愿将最好的东西与他人分享。热情好客是摩尔多瓦文化中非常重要的一部分,已形成一种社会约定。

对于摩尔多瓦人而言,客人的来访就类似节日的到来,人们会为客人的到来而提前进行充足的准备。不论是过去还是现在,摩尔多瓦人都会将尊贵的客人邀请到自己家中以示主人对客人的信任。摩尔多瓦人通常不会将客人邀请到饭店,除非有婚礼、生日庆祝等特殊的庆典活动,正因如此,摩尔多瓦的住宅小区附近并无很多餐厅、饭店,这一点和我国有很大的不同。在客人到来之前,摩尔多瓦人一定会将住宅内外打扫干净。在乡村家家户户均会有一间专为客人准备的房间,这间房有专用的名字——"卡萨玛烈"(Casa Mare),在罗马尼亚语中"卡萨玛烈"意为大房子,平时主人并不使用"卡萨玛烈"。主人用最好的家具、最新的地毯和最漂亮的饰物来布置"卡萨玛烈",并时刻保持着它的干净清爽,因为没有人知道什么时候客人会来访。宴请和留宿客人都安排在"卡萨玛烈"。在城市中,人们多居住在公寓内,但当客人来访时,主人依然会将自己最大的一个房间用来招待客人。

古时,当宾客来访时,摩尔多瓦人会提供刚刚烤制出来香喷喷的新鲜面包和咸盐让来客享用,而今日,这一以面包和咸盐招待宾客的方式只针对特别重要的人物,比如其他国家元首

---

① Cantemir, Dimitrie. *Descrirea Moldovei*. Bucureşti：Litera Internaţional, 2001, p. 180.

来访。今日这看似非常简陋的食物，在摩尔多瓦却具有一种象征意义。咸盐在中古世纪是非常稀少和珍贵的，被誉为"白色的金子"，它象征着财富，而面包则代表着善意。为贵宾提供的面包必须保持完整，宾客则须从完整的面包上撕下一小块蘸咸盐食用。食用过面包后，东道主会为客人奉上一杯上好的葡萄酒，葡萄酒是友谊和信任的象征。

在接待客人时，主人不仅会制作丰富的美食，还会使用平日里不会动用，专为庆典准备的上好餐桌、餐具。主人会努力把最好的东西放在餐桌上，尽量准备与平时不同的菜肴。常见的饮料是自制葡萄酒，为客人提供高品质的自酿葡萄酒是主人的骄傲。宴席的最后，在客人离开前，主人会进行最后一轮的敬酒祝福，这最后的举杯祝福被称为"马头之饮"。这一说法也许是源自古代，那时人们均用马车出行，当客人要离开时，主人会将客人送到马车上，临行前饮下最后的祝福之酒。

摩尔多瓦人常常因不同的事因彼此互访，最常见的缘由为宗教节日，比如圣诞节、复活节等；另外，人们也会因纪念日而相聚一起，比如结婚纪念日、亲朋好友前的生日等。迎接亲朋好友的准备工作往往耗时较多，宴请方会全家动员，一起准备，即使是孩子也会积极参与进来，做些力所能及的事情。正因如此，好客成为摩尔多瓦人的特质，一代一代传承了下来。

摩尔多瓦社会对时间的理解也在悄然转变，这与摩尔多瓦国家转型的过程有关。社会上普遍存在的现象是人们的时间观念并不是很强，没有将时间理解为宝贵的经济资源。这是因为以前在计划经济体制中，员工的收入与他们的工作绩效无关，导致工作效率偏低，大量时间被浪费掉。随着向市场经济过渡，越来越多的公司出现，市场经济产生的竞争越来越激烈，人们对时间的认识也在渐渐发生变化。在私营企业和公司中

"时间就是金钱"的观念已经在很大程度上被认可和接受，但国有企业和对公机构的运作效率依旧偏低。

整体而言，摩尔多瓦属于生活节奏缓慢的国家。虽然有时摩尔多瓦人在行事的过程中表现得很匆忙，然而在一些重要的事情上，他们不喜欢"急于求成"，觉得"心急吃不了热豆腐"。对于重大计划或事务的"最后期限"则保留一定的灵活性，事情每进展一步都须斟酌考虑，为保证完成的质量，略微延期也无妨。摩尔多瓦人对高效的理解更多的是，认为可通过"齐头并进"来实现，但也常常因此造成计划中的事情不能如期完成。开会迟到15—20分钟在摩尔多瓦是可以被接受的，但迟到者必须给出合理的解释，然而"迟到-解释"貌似已成了一种惯常的做法。一个有趣的社会现象是，在非正式场合的访问中，比如拜访亲友，拜访者往往会有意晚到15—20分钟以示礼貌，因为他们认为主人为了欢迎自己准备到了最后一分钟，应该给主人一些休息时间。

在摩尔多瓦社会中，个人生活与工作有着明显的分界线。这包含了个人时间与工作时间的严格分割，以及私人生活交际圈和工作圈之间的交集极小，通俗来讲就是摩尔多瓦人很少会将职场同事关系发展成自己的私人关系。这种具有"个人主义"色彩的西方社会特征和"集体主义"的东方社会特征形成了鲜明的对比。在工作中的管理行为上，摩尔多瓦又明显保留了苏联时期留下的印记。组织机构的管理者往往习惯于仅负责决策和任务的下达，而不会积极融入团队，参与任务的执行，以身作则激励员工。任务下达后，管理者便"置身事外"等待结果，这样的习惯导致了工作环境中等级制度感明显，并且管理者在与员工的沟通互动时常表现出"家长式"的威权主义。

摩尔多瓦具有西方社会特征的另一表现形式是人与人之

间的沟通方式。与东方文化中"隐晦而含蓄"的表达方式不同，摩尔多瓦人在进行交流沟通时会直白、清晰地阐明观点，这样的沟通方式不仅仅使用于工作环境中，在家人、朋友、师生之间亦是如此。如交流双方有意见分歧，最终的对话结果通常是在双方明确表达观点后，彼此均有所退让而达成折中方案。与摩尔多瓦人交流，如果采用含蓄、间接的表达方式，会令他们感到困惑，从而不知该如何处理，弄不好可能还会事与愿违。明确、清晰且礼貌的交谈方式会减少对方的无所适从，令事情按预期的方向发展。

　　摩尔多瓦人对隐私非常在意。这一点我们可以在摩尔多瓦人的很多日常行为中感受到，比如说在医院，即使是普通的问诊科室，哪怕只有一位患者进入，科室门也必须随之关上，其他患者会耐心地在门外等待。这与国内常见的多名患者围观医生询问某名患者病情的情形截然不同。

　　可能受宗教道义的约束，摩尔多瓦人纯朴且善良，社会公德心强，社会整体呈现出很强的人与人之间的信任感。摩尔多瓦人在乘坐小型公共汽车时，会习惯性地将现金交给其他乘客，依次传递给司机，过程中不会出现现金减少的情况。如果这点还不够充分说明的话，那么摩尔多瓦人在餐厅、饭店结账的方式便足以证明。人们在餐厅就餐过后，会将餐费直接留在餐桌上，在未当面与服务员结清账目的情况下离开餐厅，餐厅人员不会因尚未结账而阻拦客户离开，因为他们知道费用已留在了餐桌上，并且金额只会多不会少（在摩尔多瓦，给服务员小费并非必须，完全由顾客自行决定）。在这样的情况下，周围的食客也绝不会拿走餐桌上其他客人留下的餐费。

　　摩尔多瓦还有一个社会现象值得一提，那就是每天发生在生活中的排队。无论在银行、电信营业厅还是医院，在办理手续时往往需要排队且时间较长。这不是因为这些单位工作效率低下，而是他们的服务体贴且细致，会为每一位客户耐心且全面地解决问题，因而在一位客户身上花费 20 分钟的情形时常发生。习惯了快节奏的国人初到摩尔多瓦排队时常常会有焦急感，而在完成自己要办理的手续后又会不由得感叹道："这样的服务真好，之前的等待值了。"提到排队，摩尔多瓦人不以刻板地"站队"形式来表明先后次序，每当有人要加入队伍时，会询问哪位是队伍的最后一名，了解清楚后便会找一个舒服的位置坐下来等待，直到排在他前面的那位人士办理完手续，才会前去处理自己的事务。在摩尔多瓦看不到长长的排队现象，但"队"却排在人的心中。

关于民俗和禁忌，在摩尔多瓦能常常听到和碰到的有：打破镜子和在路上遇到黑猫会被认为带来霉运；受到西方文化的影响，"13"这个数字被看作是不吉利的象征，而数字"3"则因宗教方面的原因被当作是幸运数；与朋友会餐时，不能让单身青年对着桌角坐，因为从习俗上讲坐桌角的单身青年会找不到对象；摩尔多瓦人不喜欢在星期一进行金钱方面的交易，因为支出方会认为接下来的一周都会"破财"；给亲朋好友送花应该以奇数为单位，偶数的花朵通常用于不好的事情，比如在葬礼上，人们准备花束的一般为 2 朵花；摩尔多瓦人非常爱干净，去他人家中做客时必须换鞋。

综上所述，我们可以体会到摩尔多瓦是一个既具有西方文化背景，又具有东方价值观念的国家。

吊古寻幽

　　从摩尔多瓦众多的民间传说中我们可以一探这个国家的传统文化,这些民间传说基于历史事件,在一代又一代人的口口相授中流传下来。远古时期,这些传说多用于阐述和解释一些自然及社会现象,时至今日,它们则孕育出了国家和民族的象征。

　　关于摩尔多瓦这个国度的建立有许多个传说,四个世纪前编年史学家格里戈尔·乌雷奇(Grigore Ureche)在他著名的《摩尔多瓦国土记》(*Letopiseul Țãrii Moldovei*)中记述了众多传说中的一个。尽管在上篇中我们已经看到了史学家们对摩尔多瓦国家形成的扼要阐述,但这些关于摩尔多瓦国度建立的传说直到今日依然在民间广为流传。

　　《摩尔多瓦国土记》中有这样的描述:某一日,在喀尔巴阡山另一侧拥有大量土地的贵族德拉古斯·沃达带着他的骑士们外出狩猎,当他们来到喀尔巴阡山脚下时看到地上有野牛的脚印,于是他们跟随着脚印去追寻野牛,沿着脚印他们翻过喀尔巴阡山,看到一头异常雄壮的野牛正在河边饮水,这群勇敢的人猎杀了这头野牛并在河边柳树荫下享用美味。此时德拉古斯放眼望去,被眼前的景象惊呆了,那是一片片美丽至极且富饶多产的田地,于是他当即决定要在这片土地上生活。他以这条名叫摩尔多瓦的河流命名了这片土地并成了这片土地的主人。德拉古斯将那头威风凛凛的野牛头像刻在了他的王印之上,并成了这个国家的象征。

　　这个传说中其实仅有小部分为事实,这里包括德拉古斯的出处,他的确是从喀尔巴阡山另一侧一个名叫马拉木雷斯(Maramureș)的地方来到了摩尔多瓦。同样,野牛头像成为摩尔多瓦国家的象征也是事实。据考证,从14世纪起,野牛头像就被用作摩尔多瓦的国家象征,在古时的钱币、国王的封印、军队的盾徽以及军服上均可看到野牛头像。关于为何野牛头像会成为国家的象征至今尚未完全考证清楚,但可以明确的是,这种野牛是后来在欧洲东部森林中广泛存在的野生牛群的祖先,学名叫原牛。在中世纪时期,原牛被看作最可怕和无法预知其行为的野兽,战胜它的人,则会被视为真正的勇士。[1] 原牛头像在"伟人"斯特凡统领时期就作为国家的象征而印在旗帜之上,旗帜上的图案"最上方是代表着上帝光芒的太阳,被放置在牛角的正中间,在原牛头像的左侧是一朵玫瑰花象征着信仰,右侧是一弯新月代表了摩尔多瓦的重生"[2]。

　　今日摩尔多瓦共和国的国徽中包含一个盾牌,盾牌正中间仍然采用的是原牛头像。盾牌被放置在一只老鹰胸前,这只老鹰的喙上衔有一枚金色的十字架,右爪握有一根绿色的橄榄枝,左爪则握有金黄色的权杖。老鹰胸前的盾牌由三种颜色构成——蓝色、黄色和红色。这是古时罗马尼亚民间刺绣中最常见的三种颜色,根据史学家们的研究,这三色正是当年罗马化达契亚人的民族象征。今日,无论在国徽还是国旗上均可看到这三种颜色的构图。蓝色代表着忠诚与坚持,它是天堂、无限

---

　　[1]　Andrieș-Tabac, Silviu, et al. *Simbolurile Naționale ale Republicii Moldova*. Academia de Științe a Moldovei, Chișinău: Tipografia Centrală, 2010, pp. 32-34.

　　[2]　Jitaru, Grigore. *Blazoane Domnești în Țara Românească și Moldova*. Chișinău: Uniunii Scriitorilor, 1997, p. 216.

可能、梦想以及和平与自由生活的象征;黄色意指太阳与威信,同时也是富足的象征;红色则具有成长、勇敢和宽容之意。①

斯特凡大公统治期间摩尔多瓦公国的旗帜（1457—1504 年）（左）
今日摩尔多瓦共和国国徽（1990 年 4 月 27 日通过）（右）②

　　摩尔多瓦共和国有一些著名的修道院,如今这些修道院也是重要的旅游景点,在民间有着大量与之有关的传说。在摩尔多瓦并不大的国土内,如今保留了 39 座修道院,其中以宗教彩绘、建筑风格和美丽风光而广为人知的有:瀚库修道院（Hîncu）、库尔基修道院（Curchi）、鲁蒂修道院（Rudi）以及瓦尔轧列氏蒂（Vărzăreşti）修道院等。距今年代最为久远的一座修道院是卡普里亚纳修道院（Căpriana）,它最早的史料记录可以追溯到 1420 年。而另一份记录了卡普里亚纳教堂被"善人"亚历山德鲁改建为修道院的重要文档则可追溯到 1429 年,在此之前卡普里亚纳被称为威士诺瓦茨（Vîşnovăţ）。关于卡普里

①　Vlad Mischevca. "Tricolorul Naţional. Introducere în Simbolistica Vexilologică". *Akademos. Revistă de Ştiinţ*, *Cultură şi Artă*, 2010, 2 (17), pp. 3-15.

②　Cepleanu, Spiridon-Operă proprie, CCBY-SA 3.0, https://commons. wikimedia. org/w/index. php? curid—18891691,2018 年 8 月 20 日。

亚纳修道院名字的由来以及建造的缘由也有一个传说。[①]

卡普里亚纳修道院

据说，今日与卡普里亚纳修道院同名的村庄所在之地以前是广袤森林中的一片空地。一日，斯特凡大公带人经过这里，看到森林中竟存有一块奇特的空白之地，便驻足下马，让他的马饮水止渴，自己也坐下休息。正当此时，他看到一只母鹿站在远处，斯特凡大公想仔细观察一下这只母鹿，可是随行人员中却有人举起弓弩准备射杀母鹿，斯特凡大公立刻阻止了这一行为。当他再次回头看向母鹿时，更多的鹿从树林中奔跑而出。斯特凡大公大喜，当即爱上了这片空地，并决定在此修建一座修道院，环绕修道院的村庄便起名为卡普里瓦拉（Căprioara，卡普里瓦拉在罗马尼亚语中意为"鹿匹"），随着时间的推移，这个村落以及修道院的名字也由"卡普里瓦拉"转变为"卡普里亚纳"。尽管这个传说并没有真实史料支撑，但斯特

---

① Vidrașcu, Anatol and Vidrașcu, Dan. *Legende Populare Românești*. Chișinău: Litera, 2002, p. 346.

凡大公在传说中被提及却体现了摩尔多瓦人民对这位伟人的爱戴。

在摩尔多瓦北方有一个名叫卡比里亚(Cobîlea)的村子,在这个村子里存活着一棵全国最老的橡树,这棵橡树的树龄已有700 年。[①] 700 年的历史必然孕育出众多围绕这棵橡树的传说,流传至今的传说中有一个关于斯特凡大公在卡比里亚村附近与鞑靼人艰苦对抗,并最终赶走鞑靼人的故事。这位大公有个习惯,在取得每一场战役的胜利后都会修建一座教堂或修道院,这一次他在卡比里亚村边的一棵年轻橡树旁建起了一座木制教堂。也许是因为教堂带来了上帝的福祉,年复一年,这棵橡树茁壮生长,繁茂的枝叶向四面八方伸展开来,最终成为一棵传奇之树。民间有传言,在土耳其人和鞑靼人入侵的动荡年代中,村民们将珍宝藏在了空心的橡树之中。[②] 随着时间的流逝,橡树自然的生长闭合了空心的开口处,那些宝藏也永久地留在了树干之内。至于这棵大橡树树干内是否真的存有宝物,我们无从得知,因为几个世纪以来这棵传奇之树都被当作大自然生态的天然纪念碑而处在国家的保护之下。

今天位于摩尔多瓦境内的三个中世纪要塞亦是充满了传奇色彩的地方,它们分别是奥尔海(Orhei)、丁格纳(Tighina)和索罗卡(Soroca)。这 3 个要塞曾为摩尔多瓦公国庞大防御体系的一部分。摩尔多瓦公国时期的防御体系还包含其他 10 个要塞,然而由于几经变迁,如今这些要塞已分处于乌克兰和罗马尼亚境内。从中世纪到今天,奥尔海要塞仅有少量废墟遗迹保

① Postolache, Gheorghe. *Ariile Naturale Protejate din Moldova*. Vol. 2: *Arbori Seculari*. Chişinău: Ştiinţa, 2015, p. 5.

② Ursache, Silvia. *Legendele Neamului Românesc*. Chişinău: Silvius Libris, 2015, p. 97.

留了下来,这些遗迹与其他诸如教堂等的旅游景点共同构成了老奥尔海(Orhei Vechi)露天博物馆。而丁格纳要塞,最初是由木材和泥土修筑而成的,今天所保留下来的部分是在这一区域被土耳其人攻占后改由石材建造的,当时丁格纳被土耳其人占领后即转变成了土耳其的势力范围(1538 年)。这些要塞中,唯一保留了原本形态即环状堡垒的只有索罗卡要塞,它位于今日摩尔多瓦的最北方,紧靠德涅斯特河河岸。最初,在斯特凡大公执政期间,索罗卡要塞也是由木材建造而成的,但在 16 世纪中叶,斯特凡的儿子彼得鲁·拉列斯(Petru Rareș)执政时期采用石料重新建造了。在 2013—2015 年间,欧盟对摩尔多瓦提供了预算为 200 万欧元的资助,对索罗卡要塞进行了复原。如今,索罗卡要塞已向游客打开大门,它不仅成为摩尔多瓦重要的旅游景点,也是如今举行庆典、展览和其他文化活动的重要场所。

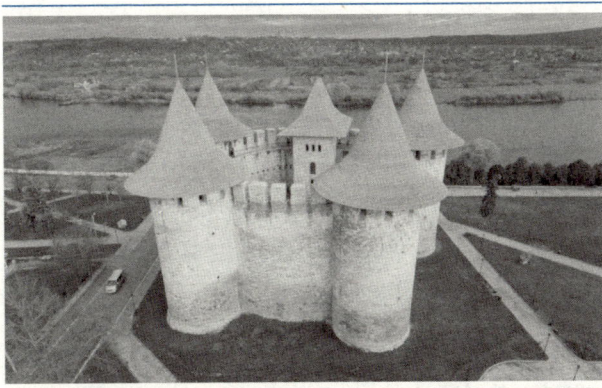

索罗卡要塞

　　虽然当时修建索罗卡要塞的真实原因是阻止鞑靼人越过德涅斯特河,但是关于这座堡垒的一个传说却是这样描述的。某日,摩尔多瓦大公彼得鲁·拉列斯骑着爱马,沿着德涅斯特河岸散步。他抬头仰望天空,突然看到一只巨鹰正在猎食两只天鹅,他从箭囊中取出一支弓箭,瞄准这只巨鹰,拉弓上弦。可就在此刻,他的坐骑似乎被什么东西惊吓到,突然驻足,扬起前蹄。彼得鲁·拉列斯失手放箭,疾如雷电的弓箭未能击中巨鹰,却射中了其中的一只天鹅。可怜的天鹅应声坠下,跌入了冰冷的德涅斯特河中。彼得鲁·拉列斯再次放箭,这次巨鹰难逃宿命,丧命于弓弩之下。之后很长一段时间,只见另一只天鹅盘旋在天空,不断地发出哀号,呼唤着它的伴侣。然而久未见到伴侣的归来,伤心欲绝的天鹅收紧了自己的翅膀,俯冲向一块坚硬的岩石。这位大公对所发生的一切感到难过与愤怒,他驱马走向岩石,当他抵达岩石前时,看到一位工匠正在凿挖石块,便问道:"这石头坚硬吗?"工匠答曰:"陛下,您不可能再找到更坚硬的石料了,如果您用这些石料修建城堡,城堡会永久地保存下去的。"自那以后,这块岩石便被称为"天鹅",索罗卡要塞便使用了离此不远的卡萨乌蒂(Cosauti)村庄周围的石料进行建造。①

　　索罗卡要塞还与另一个广为流传的传说有关,这个传说也正是今日摩尔多瓦共和国葡萄酒标志的创意来源———一只在天空中飞翔的仙鹤,它颈部挂有或口中衔有一串葡萄。话说在斯特凡大公时期,大量鞑靼军队围攻索罗卡要塞已有数月,城中的战士们极度缺乏粮食和水,体力日渐耗尽,战士们已近绝望。就在这最后的紧要关头,天空中忽然出现了大批仙鹤,它们口中叼着一串串颗粒硕大饱满的葡萄。令人难以置信的是,这些仙鹤竟落入城中,将葡萄留给了饥渴交攻的战士们。香甜

---

　　① Vidraşcu, Anatol and Vidraşcu, Dan. *Legende Populare Româneşti*. Chişinău: Litera, 2002, pp. 339-340.

的葡萄为战士们带来了力量,增强了斗志,战士们最终击退敌人,赢得了战争的胜利。这只是摩尔多瓦众多关于葡萄和葡萄酒的传说中的一个,但将这个传说与本书上篇所讲到的摩尔多瓦千年葡萄酒酿造史相结合,便可感受到摩尔多瓦葡萄酒自身便是一个传奇。这也正是摩尔多瓦为了在国际市场上推广葡萄酒,2014 年将国家红酒的象征定义为"一个活着的传奇"的原因所在,这样的名片给人们留下了栩栩如生的鲜活印象。

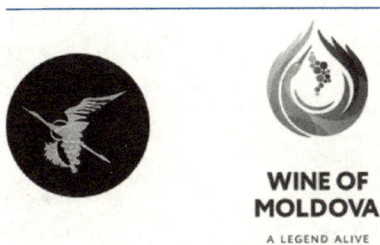

摩尔多瓦酿酒象征的古典呈现形式(左)
摩尔多瓦葡萄酒商标——一个活着的传说(右)①

提及葡萄酒,摩尔多瓦著名的地下酒窖不容忽视,这些酒窖规模庞大且拥有令人印象极为深刻的珍藏葡萄酒,是当下摩尔多瓦最重要的旅游景点。摩尔多瓦最具有标志性的一个酒窖是"地下城"——克里克瓦(Cricova)大酒窖,该酒窖的深度达到 80 米,拥有总长度超过 70 千米的隧道,这些隧道宛如城市中的街道,每条"街道"都有路牌标示,如香槟大道、赤霞街、少女(Feteasca,葡萄酒的一个品种)街等。在"街道"两侧还配有精美的绘图,犹如地下画廊一般。"街道"相交的十字路口处甚至还有红绿灯以及人行横道线等交通管控设施,用"地下城"来描述克里克瓦大酒窖实不为过。来此观光旅游的游客会被讲

---

① 图片来源于 http://wineofmoldova.com,2018 年 9 月 7 日。

解人员告知,千万不要私自走向非参观区域,因为偌大的"地下城"对不了解路线的人来说就是一个大迷宫,极易迷路,且酒窖深处潮湿、寒冷,又无手机信号,容易发生意外。克里克瓦公司成立于1952年,大酒窖享有"国家酒窖"的殊荣,这里收藏了不

克里克瓦大酒窖内部

少具有传奇色彩的葡萄酒,既有本国的,也有外国的。在这些藏品中,有一瓶被称为"耶路撒冷复活节"的独一无二、价值连城的葡萄酒,这瓶酒据说是在1902年由一个犹太人家庭酿制的。摩尔多瓦的酒窖每年吸引了成千上万的游客前来观光,其中不乏世界上的知名人士,包括政界人士、意见领袖及影视明星等。国家领导人江泽民、张德江都曾访问过克里克瓦大酒窖,德国总理默克尔、苏联宇航员尤里·加加林等也都曾来此参观。克里克瓦大酒窖已被摩尔多瓦政府列入民族文化遗产。

摩尔多瓦另一个不得不说的酒窖——米列什蒂·密茨(Mileștii Mici)大酒窖属于米列什蒂·密茨酒厂。米列什蒂·密茨大酒窖地下隧道总长度超过250千米,在2005年被载入

吉尼斯世界纪录,正式注册成为全球最大的酒窖。该酒窖内隧
道宽敞,大型卡车进出自如,隧道两侧整齐地摆放了各种不同
规格的用于储酒的木桶,输酒管道亦是纵横交错。在这个全世
界最大的酒窖内存有超过 150 万瓶葡萄酒,其中的黄金典藏
(Golden Collection)系列珍品葡萄酒被储存于地下 80 米深处。
该系列中最古老藏品的年代可以追溯到 1969 年,如今该系列
已销往包括中国在内的数十个国家。

　　除此之外,摩尔多瓦大多数酒厂其实均有自己的酒窖,并
以摩尔多瓦传统方式建造,其中部分酒窖承载了摩尔多瓦的红
酒传说,它们是普嘉利(Purcari)、布兰涅诗蒂(Pivnițele
Brănești)、卡鲁诗纳(Chateau Cojușna)和瓦尔特里(Chateau
Vartely)等。在摩尔多瓦三个历史悠久的葡萄酒产区中,有一
个产区叫作瓦鲁特拉扬(Valul lui Traian),瓦鲁特拉扬这个名
称是根据罗马尼亚语的发音翻译而来,其本身的含义为"图拉
真墙",在这片产区中存有一条长达 120 公里,古时历经多个年
代修筑而成的综合性防御工事,其中有一段为当年罗马人所修
筑,故而被称为"图拉真墙"。"图拉真墙"在民间流传有这样一
个传说:曾几何时,在这片土地上爆发了一场勇士与恶龙的战
争,这场恶战持续了相当长的时间,最终勇士驯服了这头恶龙,
为了纪念他征服恶龙的英勇事迹,他在恶龙身上套上耕地用的
犁,并将恶龙从普鲁特河一直拖到了德涅斯特河,从而形成了
"图拉真墙"。① 这也就是"图拉真墙"形如波浪、蜿蜒曲折、时而
隆起、时而沉下的原因。

　　能够代表摩尔多瓦民族特点的还有一个传说,这个传说与

---

　　①　Botezatu, Grigore. *Legende*, *Tradiții și Povestiri Orale
Moldovenești*. Chișinău: Știința, 1975, p. 42.

一个传统节日有关。如同中国人出于对春天的喜爱,设立了春节一样,包括摩尔多瓦人民在内的整个罗马尼亚民族也有一个迎接春天的节日——迎春花节(Mărţişor)①。每年的 3 月 1 日被看作春天的开始,人们为庆祝经过严寒后生命的重新绽放,在这一天会把准备好的由红、白绸线编织而成,形如小花的绳结送给自己的亲朋好友。收到绳结的人会将它戴在左胸前,并戴足整整一个月。到了 4 月 1 日,人们将绳结从衣服上取下并扎在即将开花的果树上,预示着到了秋季,这些果树将结出丰硕的果实。

迎春花绳结——春天的象征②

关于迎春花节绳结的起源,民间有多个不同的版本,但这些故事都有一个共同的主题,那就是关于牺牲的理念。绳结上的红色丝线象征着无畏的鲜血。而白色的丝线,不同的传说却给予了不同的解释,它既代表了冬季结束时的最后一场白雪,也象征着春回大地时盛开的第一朵鲜花(在摩尔多瓦,春天盛

---

① 迎春花节是摩尔多瓦、罗马尼亚以及整个罗马尼亚民族生活地区所共有的节日。

② 图片来源于 http://edu-news.ro,2018 年 9 月 7 日。

开的第一种花是雪花莲,花瓣为白色)。① 我们在这里所要叙述
的传说则与一位勇敢的年轻人拯救太阳有关。话说很久很久
以前,太阳看到民间的人们在翩翩起舞,欢度佳节,忍不住化身
成一位年轻英俊的小伙子下凡到人间。他来到了一个村庄,加
入正在热情洋溢地跳着霍啦舞②(Hora)的少男少女中。可惜
好景不长,未过多久,天空中一条可怕的巨龙看到了他,俯冲下
来,从人群中劫走了他,并把他关进了阴暗的牢笼之中。整个
世界变得暗淡了下来,森林中的鸟儿们不再歌唱,少女和孩童
们的歌声从此充满忧伤,没有人敢去面对残暴的恶龙。但此时
一位勇敢的少年出现了,他决定去拯救太阳与世界,他的决定
迅速在人群中传播开来,人们纷纷前来向他献上祝福,给予他
力量,希望能在未来艰险的道路上帮助他。少年出发了,路途
遥远,他走过了一个夏天,没有抵达恶龙的栖居地,又经过了一
个秋天,依然未能到达恶龙的巢穴,在严冬中继续跋涉,他终于
来到了恶龙栖居的城堡。

　　少年与恶龙的生死之战展开了,他们进行了无数个回合的
打斗。少年的胸前、臂膀上已布满深深的伤口,鲜血与汗水洒
满了洁白的雪地,但他没有放弃,继续与恶龙斗争,恶龙终于体
力耗尽,被少年斩杀。此时的少年也已伤痕累累、命悬一线,然
而他利用最后的气力将太阳从牢笼中解救出来。牢门开启之
时,太阳重返天空,大地开始复苏,人们欢欣鼓舞,可是勇敢的
少年却没有机会看到这一幕,因为他已失血过多,再也无法睁
开双眼。少年温暖的血液向四周流散开来,融化了大地之上的
冰雪,白色的小花破土而出。从那以后,少女们为了纪念这位

---

① Vidrașcu, Anatol and Vidrașcu, Dan. *Legende Populare
Românești*. Chișinău: Litera, 2002, p.79.

② 霍啦舞是摩尔多瓦和罗马尼亚的一种传统舞蹈。

勇敢的少年,用带有流苏的红白丝线编织出形如小花的绳结。

　　在上面这则神话中,我们提到了霍啦舞。霍啦舞是摩尔多瓦和罗马尼亚最具代表性的传统舞蹈,起舞时男女互相牵手,围成一个圆圈,边唱边跳,舞步欢快。摩尔多瓦人喜欢在各种场合跳这种舞蹈,例如婚礼、生日聚会、法定假日以及各种周年庆典等。在每年的国家独立日和新年夜,都会有数十人组成的舞蹈队在基希讷乌市中心政府大厦前的大国民集会广场上跳霍啦舞。大国民集会广场为摩尔多瓦最重要的广场,其地位就如同中国的天安门广场。霍啦舞的背景音乐是极具民间特色

大国民集会广场上的霍啦舞表演

的传统乐曲,每当这种节奏感极强的音乐响起时,人们心中便充满了喜悦和美好的愿景,双脚自然会情不自禁地按节拍整齐地跳动起来。这样的感觉、这样的情形正印证了摩尔多瓦人常说的“在摩尔多瓦人起舞的地方,就连大地都会感觉到”。

　　迎春花节是摩尔多瓦众多节日中的一个,接下来我们介绍一下摩尔多瓦其他的重要传统节日,以及人们在这些节日的习俗。

按传统习俗,在 12 月 31 日新年夜,青少年们会在脸上涂抹油彩或戴上面具,集体外出拜访不同的人家,为这些家庭送上动听的乐曲、甜美的歌声和喜气的舞蹈,以此种方式来度过旧年的最后时光,这一传统叫作"去犁地"。新年第一天大清早,孩子们便会三五成群地集结"去播种"。当他们抵达一户人家后,会为这户人家送上诗歌和祝福,同时将手中的谷物种子撒在庭院或地板上,模仿播种的过程。"去犁地"和"去播种"这一习俗反映了摩尔多瓦这个国家的农业传统。然而这种非常传统的新年庆祝方式如今却在慢慢消失,庆祝方式中保留下来更多的是集体的载歌载舞。每个新年,官方会在大国民集会广场上组织大型的狂欢音乐会,人们都会聚集于此,燃放烟花,一起翩翩起舞,歌唱祝福新的一年。

关于圣诞节,摩尔多瓦和其他基督教国家一样,孩子们会挨家挨户上门唱歌,以宣告耶稣的诞生。被拜访家庭中的成年人则会准备好糖果和一点具有象征意义的金钱给孩子们。圣诞节是孩子们最喜爱的节日。

基督教还有一个重要节日便是复活节。在复活节这一天,人们会制作复活节的专属食品,其中必不可少的要数复活节蛋糕,这是一种平日里不会制作、口味偏甜的烤制蛋糕。此外还有复活节彩蛋,人们会把煮熟的鸡蛋涂满红色。红色的复活节彩蛋拥有数个传说,其中流传最为广泛的是,耶稣的母亲玛利亚赶去看自己被钉在十字架上的儿子,当她抵达十字架下方时,放下了手中的鸡蛋,耶稣的鲜血滴在了鸡蛋上,鸡蛋被染成了红色。从此以后,人们为了记住这一天,便将鸡蛋染成了红色。复活节另外一个传统便是,每年的这一天人们的见面问候语从往常的诸如"你好"之类变成了"耶稣复活了",而回应则为"是的,他的确复活了"。摩尔多瓦也有自己的"清明节","清明节"的日期为复活节一周后的星期一。按传统习俗,在这一天,人们会去逝者的墓前缅怀他们,牧师们会来为逝者祷告。人们认为,这样的悼念活动可以让逝者获得重生。

　　摩尔多瓦古时留下的遗迹、上古传说、宗教文化习俗等还有很多很多,这些充满历史色彩的地方以及它们背后的传奇故事使得摩尔多瓦成了一个传说之地,也成了喜爱探寻不同文化的人们的理想旅游目的地。

摩尔多瓦文化名人

关于摩尔多瓦著名历史人物的事迹,如德切巴尔、布雷比斯塔、"善人"亚历山德鲁以及斯特凡大公等,我们已经在上篇进行了阐述。现代史上,摩尔多瓦共和国依然涌现出大量的文化人物,他们名扬海外,为摩尔多瓦文化的繁荣做出贡献。

一、玛丽亚·比苏（Maria Bieşu）

玛丽亚·比苏,歌剧演唱家,为摩尔多瓦国家歌剧院的首席女歌手。她不仅在摩尔多瓦家喻户晓,在国际舞台上也赫赫有名。1935 年,玛丽亚·比苏出生于摩尔多瓦南部的一个村庄。起初,玛丽亚·比苏在农业院校学习,然而,从母亲那里继承而来的对音乐的热爱,将她带回到艺术的殿堂,最终成为一名伟大的歌唱艺术家。

玛丽亚·比苏①

1955 年,她被位于基希讷乌的国家音乐学院录取,正式开始了她的音乐生涯。玛丽亚·比苏的名气早在她还是一名学

---

① 图片来源于玛丽亚·比苏官方站点,http://dogamusic.com, 2019 年 1 月 12 日。

生之时就已传出。她在刚刚毕业之际,便被国家歌剧和芭蕾舞剧院邀请进行排练演出。玛丽亚·比苏在民乐团中的表演是伴随着其他乐手的演奏,以独唱的形式进行的。这位年轻的独唱家在 1965 年获得了去意大利米兰斯卡拉大剧院(La Scala)演出的机会,她的才华折服了意大利民众,并被意大利人誉为歌剧大师。两年后,她出席了在日本举办的国际大赛并赢得大奖。自从在日本取得成功后,玛丽亚·比苏开始更加活跃地去世界各地演出,举办演唱会。她先后在莫斯科、纽约、巴黎、悉尼、东京、华沙、赫尔辛基、第比利斯等地大剧院进行演出,参与了日本、澳大利亚、古巴、以色列等国所举办的个人演唱大赛。

　　玛丽亚·比苏获得了多项大奖,成绩斐然。这些奖项包括:苏联人民艺术家称号(1970 年)、摩尔多瓦共和国勋章(1992年)、罗马尼亚之星称号(2000 年)等。这位歌唱家的梦想是将基希讷乌展现在世界音乐地图之上。为此,1990 年,她努力推动在基希讷乌举办了首届"歌剧芭蕾舞国际音乐节",并获得巨大成功,自此该音乐节每年都在基希讷乌举办。2012 年,玛丽亚·比苏生了一场重病,在经历了与病魔的长时间斗争后,最终在医院的病床上离世。这位伟大的艺术家离世后,为了纪念她对摩尔多瓦音乐艺术做出的杰出贡献,由她所创办的"歌剧芭蕾舞国际音乐节"更名为"玛丽亚·比苏国际艺术节"。

二、耶乌贞·多伽（Eugen Doga）

　　耶乌贞·多伽是一位创作了 100 多首曲目的著名乐曲家,他创作的曲目包含乐器曲目和合唱曲目。这位杰出作曲家的作品具有独特、易于辨认的风格,其作品常常包括不同的文化元素,如米自罗马尼亚、俄罗斯、中国、拉丁美洲等截然不同的文化元素。耶乌贞·多伽于 1937 年出生在摩尔多瓦东部的一个村庄。1960 年，从基希讷乌音乐学院毕业，获得大提琴学位。5 年后，他又获得了作曲学位。

耶乌贞·多伽所创作的曲目曾被用作电影的配乐，这让全世界的观众聆听到了他所创作的乐曲，他的才华也因此得到广泛认可。耶乌贞·多伽曾与摩尔多瓦导演伊米勒·罗天努

耶乌贞·多伽

(Emil Loteanu)进行了广泛的合作。这位音乐大师的代表作是罗天努的电影《我温柔的野兽》(*My Sweet and Tender Beast*)中的华尔兹曲目，该电影被超过 2600 万的观众观看。电影中的华尔兹曲目在 1980 年莫斯科举办的奥林匹克运动会开幕式和闭幕式上被采用，2014 年的索契奥运会也使用了该曲目。耶乌贞·多伽所创作的《我的白城》成为摩尔多瓦首都基希讷乌的城市之歌。在这位伟大音乐家的一生中，他曾在苏联、俄罗斯、摩尔多瓦、罗马尼亚、捷克等地举办了数百场音乐会。耶乌贞·多伽深受世界各地人们的喜爱，曾在巴黎、蒙特利尔、维也纳、纽约、里斯本等多个城市举办乐迷见面会。他的音乐会从来都是座无虚席，他的作品从未间断地回响在莫斯科、圣彼得堡、基希讷乌、基辅、布加勒斯特等大城市的音乐厅中。

这位拥有数以百计作品的音乐大师一生荣获的奖项和荣誉无数，其中最为重要的有摩尔多瓦人民艺术家称号（1984年）、苏联人民艺术家称号（1987 年）、摩尔多瓦共和国勋章（2007 年）、罗马尼亚金星奖（2004 年）。摩尔多瓦政府曾将2007 年和 2017 年命名为"耶乌贞·多伽年"用以庆祝这位伟大

艺术家的 70 华诞和 80 华诞。音乐大师耶乌贞·多伽至今仍然活跃在文化、教育领域,他常常参与到为儿童和退伍军人准备的文艺活动中,不仅如此,他还在继续给学生们上课,将他的才华与艺术传承下去。

三、斯·万格利（S. Vangheli）

斯·万格利,作家、诗人、翻译和编辑,是当今摩尔多瓦共和国最著名的作家之一,因创作儿童图书而闻名于世。他于 1932 年出生在摩尔多瓦北部,1955 年毕业于基希讷乌教育大学语言学院。

1962 年,万格利出版了他的第一部儿童作品——《蝴蝶之乡》。但使万格利名扬万

斯·万格利

里的作品,要数他 1967 年创作的《古古采的故事》。主人公古古采喜爱玩耍,略显调皮,拥有丰富的想象力和善良的灵魂。无数的读者阅读了古古采的故事,这其中不乏一些成年人,他们也表达了对《古古采的故事》的喜爱。《古古采的故事》被翻译成了 40 多种语言。中文译本在中国发行后,主人公古古采受到数百万国内小朋友的喜爱。在首版发行 35 年后,2009 年,《古古采的故事》由浙江文艺出版社再版印刷发行。古古采诞生已有半个多世纪,如今他又成为新生一代小朋友们的"好伙伴"。在摩尔多瓦共和国,古古采的冒险故事成为全国小学生推荐阅读故事。除了《古古采的故事》外,万格利还出版了数十本同样极具趣味性,主人公性格鲜明的作品以及一些中小学教

材。他的著作被翻译成近 40 种语言,发行总量超过 800 万册。

　　这位才华横溢的文学大师斩获众多荣誉与奖项。1974 年,他因《爷爷的使臣》而获国际安徒生儿童文学荣誉证书。1980年,获得摩尔多瓦共和国国家文学奖。1992 年,获得摩尔多瓦人民作家称号。1996 年,获得摩尔多瓦共和国勋章和罗马尼亚学术奖。2012 年获得世界知识产权组织颁发的"创新金奖"。

　　摩尔多瓦政府曾将 2013 年命名为"斯·万格利年",通过不同的形式表彰这位作家的伟大成就,包括通过摩尔多瓦国家银行发行含有古古采形象的国家纪念币。如今,斯·万格利依然活跃在文坛上,并积极出席各类文艺活动,依然致力于为儿童们创作新的作品,并从中享受着自己的人生价值。

四、格雷戈里·维埃鲁（Grigore Vieru）

　　格雷戈里·维埃鲁,摩尔多瓦共和国现代史上最著名的诗人之一,曾积极参与民族解放运动,并在苏联期间担任人民代表。1935年,他出生于摩尔多瓦北部,在上学期间便开始诗歌创作。1958 年,毕业于基希讷乌教育大学。

格雷戈里·维埃鲁

　　毕业之初,他曾担任编辑一职,并发表了大量的诗歌,包括为儿童创作的诗歌。1968年,伴随着诗歌《你的名字》的发表,这位诗人的声望得到显著的提升,文学界将这首诗歌评价为"具有最原本诗意的体现"。该作品在发行之年就被编排进了摩尔多瓦国立大学文学专业课程,成为民族文学的研究对象。格雷戈里·维埃鲁通过他的作品积极推动了罗马尼亚语的回归运动。在 20 世纪 80 年代末期,他成为民族解放运动的先驱,其作品在唤醒民族意识的运动中扮演了重要的角色。1989 年,维埃鲁当选为苏联人民代表。三年后,他被罗马尼亚科学院提名竞逐诺贝尔和平奖。

格雷戈里·维埃鲁的作品广受赞誉。1988 年,他获得了国际儿童图书评议会评选的荣誉奖。共和国独立后,格雷戈里·维埃鲁因其在文化方面的建树和在民族独立方面做出的努力,于 1996 年被授予摩尔多瓦共和国勋章。2009 年 1 月 20 日,一场意外的交通事故夺去了这位伟大诗人的生命。在其离世后,罗马尼亚政府追授他罗马尼亚勋章。摩尔多瓦共和国的几所学校和基希讷乌市的一条主要大街以他的名字命名。他的作品成为中小学语言文化课程中的必修内容,尽管格雷戈里·维埃鲁离开了,但他的作品会一代一代继续传承下去。

五、 瓦伦蒂娜·娜佛妮采（Valentina Naforniţa）

瓦伦蒂娜·娜佛妮采,歌剧女高音,曾在众多国际大赛中获得冠军。瓦伦蒂娜于 1978 年出生在摩尔多瓦共和国北部的格洛代尼区。起初瓦伦蒂娜在基希讷乌音乐学院学习,随后她又去布加勒斯特音乐学院继续深造。瓦伦蒂娜还在维也纳国家大剧院进行了为期一

瓦伦蒂娜·娜佛妮采①

---

①　图片来源于瓦伦蒂娜·娜佛妮采官方站点,https://nafornita.com,2019 年 1 月 12 日。

年的硕士学习。其间,她优美的嗓音、出众的才华以及勤奋刻苦的治学精神在给维也纳的导师留下了深刻印象的同时,也将她推上了成功的道路。

2011年,瓦伦蒂娜·娜佛妮采与来自世界不同地方的800名歌手,共同参与了享有盛名的英国广播公司(BBC)举办的卡迪夫世界歌手大赛。在大赛中,她出色的嗓音、娴熟的演唱技巧深深地打动了评委和听众,并获得了大赛的一等奖和听众奖,还由此被授予了世界最佳歌剧歌手的称号。

2011—2016年间,瓦伦蒂娜曾为维也纳国家大剧院演员,并且在多场演出中领衔主演。她那令人叹为观止的演出将她带向了米兰的斯卡拉大剧院、阿姆斯特丹大剧院、爱丁堡大剧院、柏林国家剧院、慕尼黑居维利剧院……到目前为止,瓦伦蒂娜依然活跃于世界各大歌剧中心。

除了在国际舞台上大展才华外,瓦伦蒂娜不忘祖国,她依旧与摩尔多瓦国内乐迷保持着联系,积极参加国内一些重要场合的演出,扮演着重要的社会公益角色。

六、国家学术民族舞蹈团“Joc”

在我们谈及摩尔多瓦文化艺术界的重要事务时,“Joc”是不可忽略的,因为它可谓是摩尔多瓦向世界展示自我的文化大使。“Joc”并不是一个人,而是国家学术民族舞蹈团的名称。这一词在罗马尼亚语中的含义也正是“舞蹈”,“Joc”一词的发音带有感染力,给人一种充满激情,翩翩起舞的感觉。

舞蹈团于1945年创立,至今已70余载。在70多年的发展历程中舞蹈团编创了大约80部风格迥异的舞蹈剧目,进行了大约7800场演出,为包括中国观众在内的70多个国家,1800多万人献上过精彩演出。该舞蹈团同样在不同的庆典和

国家学术民族舞蹈团"Joc"

比赛中获得大量的殊荣,包括布加勒斯特国际青年和学生节金奖(1953 年)、柏林青年联欢节金奖(1974 年)、保加利亚国际民间艺术节金奖(1979 年),2000 年和 2002 年均获得莫斯科举办的国际文化奥林匹克金牌。1979 年,舞蹈团因其对摩尔多瓦传统音乐和民族舞蹈的巨大推动作用而荣获了学术荣誉称号。

　　舞蹈团之所以能够取得如此丰硕的成果与总编导弗拉基米尔·柯贝(Vladimir Curbet)有着密不可分的关系。柯贝大师一生领导着舞蹈团,他用过人的天赋将民族乐曲、传统服装的独特性和美感,淋漓尽致地表现出来,并将它们完美地呈现在了舞台之上,创作出了极具摩尔多瓦民族特色的舞蹈剧。因为柯贝大师孜孜不倦的工作、天才般的艺术创造力,1981 年他被赋予了苏联人民艺术家称号,1992 年又获得了摩尔多瓦共和国勋章等重要荣誉。

　　如今,由 65 名舞蹈家和 25 名音乐家组成的"Joc"舞蹈团继续以年轻的活力、创新的意识、精湛的技艺和敬业的精神吸引着世界各地的观众。它就像一位精力充沛的文化大使,将摩尔多瓦的传统艺术不停地呈递给全世界的人民。

下篇

万里之遥的朋友

历史上，人们难以跨越万水千山周游世界，受地理因素限制，距离遥远的国家间很难有真正、深入的接触。在摩尔多瓦，当人们提及"中国"一词时，遥远的感觉便油然而生，"中国"一词甚至等同于"遥远"。然而近代科技的飞速发展，已将天大地大、广袤无垠的世界转变成了小小的地球村。如今相距甚远的空间以及历史遗留的截然不同的文化在人们对共同理念的追求、对人性价值的认可下都可能不再是隔阂。全球经济一体化的新兴合作模式更是极大地加剧了全世界人民之间的交流，这样的趋势必将愈演愈烈，不可逆转。任何国家或民族若要谋求发展都须广交朋友，真诚合作。

中国人看重友情，喜结交天下朋友。孔夫子就说出了"有朋自远方来，不亦乐乎"这样的传世名句来描述国人对友情、朋友的渴望与尊重，这一点与热情好客的摩尔多瓦人民如出一辙。两个有着类似品性、相似理念的国家必然会拥有良好的友谊。摩尔多瓦共和国和中国便是一种君子之交，在彼此尊重的基础上保持交流联系，不断寻求合作方式，以求共赢共利。

2013 年，中国借鉴古时的丝绸之路提出共建"丝绸之路经济带和 21 世纪海上丝绸之路"（The Silk Road Economic Belt and the 21st Century Maritime Silk Road）的重大倡议，简称"一带一路"倡议（The Belt and Road Initiative）。"一带"包含两个走向：第一个走向东起亚太经济圈，西抵欧洲经济圈，是世界上最长、最具有发展潜力的经济大走廊；第二个走向经过中亚、西亚到达波斯湾和地中海沿岸各国。丝绸之路经济带总人口近 30 亿，市场规模和潜力独一无二。"一路"也包含两个走向：一是从中国沿海港口过海南到印度洋，延伸至欧洲；二是从中国沿海港口过海南到太平洋。

在"二战"后建立的新世界秩序中，和平的局势将人类社会的主题转到经济发展上来，"二战"后几十年的全球经济建设中，各国间相互依存，关系不断加深成为现实，但因地区间发展不平衡，动荡仍然在部分地区频繁发生，对人类社会的全局发展产生了负面影响。在全球一体化的今天，单靠某个国家无法真正解决问题、消除负面影响，只有各国联合起来，积极合作才能共创未来。"一带一路"倡议正是在这样的背景下提出的，旨在促进经济要素有序自由流动、资源高效配置和市场深度融合，推动沿线各国实现经济政策协调，开展更大范围、更高水平、更深层次的区域合作，共同打造开放、包容、均衡、普惠的区域经济合作架构，维护全球自由贸易体系和开放型世界经济。[①] "一带一路"贯穿亚欧非大陆，截至 2018 年 5 月，已有 71 个国家加入倡议[②]，这些国家经济发展潜力巨大，这无疑为全球一体化的经济注入了一针强心剂。

摩尔多瓦共和国积极响应中国关于共建丝绸之路经济带的倡议，于 2014 年 12 月 4 日与中国签署了《中华人民共和国商务部与摩尔多瓦共和国经济部关于在中摩政府间经贸合作委员会框架内加强共建丝绸之路经济带合作的谅解备忘录》，正式成为"一带一

---

① 国家发改委、外交部、商务部：《推动共建丝绸之路经济带和 21 世纪海上丝绸之路的愿景与行动》，http://www. mofcom. gov. cn/article/resume/n/201504/20150400929655. shtml，2015 年 3 月 28 日。

② http://yidaiyilu. gov. cn，2018 年 5 月 20 日。

路"沿线国家。摩尔多瓦因特殊的地理位置及其与欧盟和独联体国家之间的关系,其市场辐射潜力大,在"一带一路"上具有发挥重要作用的潜力。

在本篇中我们将阐述摩尔多瓦共和国与中国之间的政治、经贸及文化关系,分析摩尔多瓦的经济特点,为中国企业指点合作方向,希望在"一带一路"倡议大框架下,促进两国经贸合作,为两国人民谋福祉,增强两国间友谊。

中摩友谊

　　中华人民共和国和摩尔多瓦共和国一个地处亚洲东岸,一个地处欧洲东南角。从基希讷乌市中心邮局公路原点开始计算,到达北京天安门广场正阳门南侧的公路原点的距离足足有10256公里,然而遥远的距离并未对两国之间的友谊产生影响。建交后两国保持了高层的频繁互访,彼此信任,相互尊重,建立了友好的国与国关系,可谓大国与小国之间关系的典范。① 摩尔多瓦共和国从始至终尊重中国的领土完整,多次声明承认台湾是中国的一部分,不与台湾建立任何官方关系。中国尊重摩尔多瓦对自己道路、经济发展模式的选择,理解摩尔多瓦选择欧洲一体化的整体外交方向。中摩两国对争取和平、发展的认识是一致的,主导思想也是相同的。②

　　摩尔多瓦与中国的关系史最早可以追溯到清王朝康熙年间。摩尔多瓦有一位著名的学者尼古拉·斯帕塔鲁·米列斯库,他精通多种语言,学识渊博,一生著有大量著作。1675年,摩尔多瓦还处于沙俄的统治之下,俄国沙皇派遣他出使中国,商议中俄边境的相关事宜。他途经西伯利亚,长途跋涉,历尽艰辛最终抵达中国,随后他在北京生活了几年,其间游览了中国的壮丽河山并深入接触了中国勤劳朴实的人民。回国后即

---

　　①② 中国人大网:《全国人大代表团访问摩尔多瓦、南斯拉夫两国情况的书面报告》,http://npc.gov.cn,2018年5月20日。

写出了《中国漫记》一书，书中对中国的文化传统、社会形态、技术工艺、自然风貌等均有描述。该书当时在沙俄帝国内广为流传，将中国的风貌带给了俄国和东欧的人民。米列斯库因此也被誉为摩尔多瓦的"马可·波罗"。今天米列斯库的雕像被陈列在基希讷乌市中心的斯特凡中心公园（原普希金公园）内，与其他历史名人一同被后人铭记。

斯特凡中心公园中的尼古拉·斯帕塔鲁·米列斯库雕像

一、中摩政治关系

政治、经济和文化是人类社会关系的三大基石。群体与群体之间如此，国与国之间亦是如此。三者之间，经济是一切的基础，政治则为经济的集中表现，为上层建筑，统领一个国家的经济意志。文化则为政治和经济的反映，体现了一个民族或国家在政治和经济共同作用下的特性。下面,我们便高屋建瓴,从政治关系开始回顾两国间的重要外交事件,以便读者从宏观层面了解两国的关系。

1991年12月25日,苏联最高领导人戈尔巴乔夫宣布辞职,26日苏联解体。27日,时任中国外长的钱其琛便致电摩尔多瓦外长,表明中国承认摩尔多瓦的独立,愿意进行建交谈判。1992年1月,中国特使团在特命特权大使王荩卿的率领下与苏联各加盟共和国进行建交谈判。1月中旬,王荩卿大使代表中国同摩尔多瓦、阿塞拜疆、亚美尼亚、格鲁吉亚的代表们在莫斯科进行初次建交谈判,随后特使团于1月30日抵达摩尔多瓦,用中文和罗马尼亚语共同签署了《中华人民共和国和摩尔多瓦共和国建交联合公报》。《中华人民共和国和摩尔多瓦共和国建交联合公报》的签署标志着中华人民共和国和摩尔多瓦共和国正式建立了大使级外交关系,中国成为亚洲第一个承认摩尔多瓦共和国的国家。[①] 1994年10月21日,中国驻摩大使馆在基希讷乌市设立,李凤林任第一任大使。1996年3月,摩驻中国大使馆在北京设立。

1992年11月6日,应时任国家主席杨尚昆的邀请,摩尔多瓦共和国第一任总统米尔恰·斯涅古尔正式访华,这是摩尔多瓦共和国元首首次访华。在这次为期4天的访华过程中,江泽民总书记、杨尚昆主席和李鹏总理分别会见了米尔恰·斯涅古尔。这次会晤双方发表了《中华人民共和国和摩尔多瓦共和国联合公报》,确定了中华人民共和国和摩尔多瓦共和国相互关系的原则,为今后中摩两国关系的发展确定了总的框架,具有里程碑意义。此外两国元首还就政治、经济、文化、体育、民航、

---

① 顾志红:《摩尔多瓦》,社会科学文献出版社2015年版,第266页。

旅游等领域的合作签署了 13 项文件，奠定了中摩两国在各个领域合作的基石。刚刚独立的摩尔多瓦困难重重，此次访问，中国向摩尔多瓦提供了 3000 万元人民币的无偿援助，摩方将这笔援助用于食品购买。

1996 年 3 月 23 日，摩尔多瓦议长卢钦斯基对中国进行了为期 5 天的访问，国家主席江泽民、全国人大常委会副委员长王光英分别同卢钦斯基进行了会见，卢钦斯基代表摩议会邀请中方访摩。随后 8 月 9 日，应摩尔多瓦议会的邀请，全国人大代表团在副委员长吴阶平的率领下访问摩尔多瓦，这是我国人大代表首次对摩尔多瓦共和国进行正式访问。访问期间，摩尔多瓦领导人强调中摩两国建立了密切的合作关系，两国关系是大小国家之间关系的典范，表示完全支持中国的外交政策，赞赏中国从不干涉别国内政和侵略别国。吴阶平称摩尔多瓦是一个值得我们信赖的朋友，中摩两国对争取和平、发展的认识是一致的，主导思想也是相同的。双方均希望加强两国各个级别的交往。

2000 年，摩尔多瓦经济开始恢复增长。6 月 7 日至 11 日，摩尔多瓦总统卢钦斯基（原摩尔多瓦议长）携政府代表团和商业人士应江泽民主席邀请对中国进行国事访问。在这次访问中双方签署了包括《中华人民共和国与摩尔多瓦共和国关于在 21 世纪继续加强全面合作的联合声明》等多项合作协议。在《中华人民共和国与摩尔多瓦共和国关于在 21 世纪继续加强全面合作的联合声明》中，中国重申尊重摩尔多瓦选择"欧盟一体化"的道路，恪守 1992 年签署的《中华人民共和国和摩尔多瓦共和国联合公报》中"……国家不分大小、强弱、贫富，都有权主宰自己的命运，在参与讨论和解决国际问题方面都享有平等的权利。……各国有权根据自己的特点选择社会制度、意识形态、经济模式和发展道路"的原则,为 21 世纪两国关系的发展提供了有力的保障与指导。同年 10 月,时任中共中央政治局常委、书记处书记尉健行访问摩尔多瓦。尉健行在与摩尔多瓦总统、总理的会晤期间讲道:"中摩建交 8 年来,在两国领导人的精心培育和两国人民的共同努力下,两国关系得到了长足发展,政治、经济、文化等各个领域的交流与合作取得了积极成果。面向 21 世纪,我们愿在和平共处五项原则基础上,与摩方共同努力,不断发掘中摩关系发展的潜力,充实新的合作与交流内容,推动中摩友好合作关系继续向前发展。"[1]

2001 年 7 月 19 日—20 日,应摩尔多瓦共和国总统弗拉迪米尔·沃罗宁的邀请,时任国家主席江泽民对摩尔多瓦进行国事访问,两国元首全面回顾了建交以来双边关系的发展情况,共同展望和规划了两国关系的未来,一致同意在新世纪进一步深化和发展中摩两国在各个领域的友好合作关系并签署了《中华人民共和国和摩尔多瓦共和国联合声明》。其中重申双方均恪守 1992 年的《中华人民共和国和摩尔多瓦共和国联合公报》和 2000 年的《中华人民共和国和摩尔多瓦共和国关于在 21 世纪继续加强全面合作的联合声明》,确认了两国关系的原则,双方认为签署协议是合作的坚实基础,为促进中摩合作,双方将继续完善双边法律基础,同时中方理解和尊重摩方加入欧盟的选择。这一次访问在摩尔多瓦引起了轰动,陪同江泽民主席出访的代表团由约 150 名专家和记者组成,"友情"一词在摩尔多瓦人民谈及中摩关系时被越来越广泛地用到。同年 11 月,两国总理举行了会谈,签署了双方政府开展葡萄种植和葡萄酒加

---

① 新华社:《摩尔多瓦总理会见尉健行》,http://www.people.com.cn/GB/channel1/10/20001019/278504.html,2018 年 5 月 20 日。

工合作备忘录。

2002 年,中摩举行了两国副部长磋商会,在此期间签署了中方向摩方无偿提供援助的换文。自建交以来,中国不断向摩尔多瓦提供各种形式的援助,包括成套项目援助、技术援助、物资援助及现汇援助等,总额已达 3 亿元人民币左右,帮助摩尔多瓦改善民生、教育、基础设施等。

2003 年,在江泽民主席的邀请下,摩尔多瓦总统沃罗宁对中国再次进行了国事访问,此次访问期间双方签署了大量合作文件。有《中华人民共和国和摩尔多瓦共和国联合公报》《中华人民共和国科学技术部和摩尔多瓦共和国农业和食品工业部关于在星火技术领域开展合作的谅解备忘录》《中华人民共和国卫生部和摩尔多瓦共和国卫生部关于提高卫生专业人员技能合作的协定书》等。双方高层均希望保持两国的交往,支持各个层面的交流,深化各个领域的合作,两国关系应该提升到新的水平。摩尔多瓦和中国均在 2001 年加入了世界贸易组织,此次会晤中双方表示愿意在世界贸易组织的框架下为企业合作创造条件、提供便利。

在沃罗宁访华后,因摩方亲欧派领导人的上台和中方领导人的换届,两国之间关系曾出现了短暂的降温,在访问过程中签署的 20 多个项目只有少数被真正实施,但中摩两国之间的关系并未受到任何损害。两国依旧保持频繁互访,中方在此期间向摩方提供了多次援助,其中包括 2004 年向摩方捐赠了价值 10 万美金的议会投票设备。

时至今日,两国之间的政治关系一直平稳发展,逐步提高。近 10 年来除了国家级领导人保持直接互访通信外,省市级领导也逐步派出代表团访问摩尔多瓦。吉林、内蒙古、甘肃、北京等地的代表团都出访过摩尔多瓦,地方省市间的友好合作开始展开。良好的政治关系是两国政治合作提升的前提,政府间的互动为民间经济合作、文化交流合作创造了良好条件。

二、中摩经贸关系

自封建主义在全球衰败后,人类社会的一个总体特征就是经济结构发生了转变,随着资本市场的运作,经济活动全球化已成为常态。国与国之间最重要的关系便是贸易关系,不同国家由于受生产力水平、科学技术等因素的影响,生产能力和市场供求状况难免存在不平衡。各国国内既存在产品供不应求的状况,又存在生产力过剩的状况。为了满足各国人民对生活物资的需求,国与国之间的贸易自然成为平衡生产力和消除物资供需不平衡的途径。

我国积极发展与世界各国的经贸关系,极大地推动了对外经济贸易的发展。特别是改革开放以来,我国对外经济贸易迅猛发展,规模不断扩大,质量和水平不断提高。对摩尔多瓦的贸易从建交至今总体呈上升趋势,并且上升较快,2017年两国间贸易总额增速达到30%以上。①

中国和摩尔多瓦的贸易往来自1992年便开始,当年1月16日,在中国和摩尔多瓦尚未正式建立外交关系的情况下,中国外经贸部部长助理刘山便率领中国政府商贸代表团访问摩尔多瓦,并成功签订了两国之间的经济贸易协定,该协议的签订被看作两国贸易的起始点。自此以后,两国政府从未间断地表示要不断深化经贸合作,寻找更多的合作契机,中国愿意对摩尔多瓦进行投资,摩尔多瓦也表示愿意为中国和欧洲搭建经

---

① 国家信息中心"一带一路"大数据中心、大连瀚文资讯有限公司:《"一带一路"贸易合作大数据报告(2018)》,https://www.yidayilu.gov.cn/xwzx/gnxw/54720.htm,2018年5月12日,第81页。

济贸易的桥梁。

在摩尔多瓦共和国独立的头 10 年中,由于苏联解体带来的混乱,国内局势不稳定,经济萧条,生产甚至停滞。1995—1999 年中摩两国间贸易总额呈下降趋势,由 1995 年的 129 万美元下降至 1999 年的 38 万美元,其中 1999 年中国从摩尔多瓦进口量甚至为零。1999 年 8 月,两国成立了政府间经济贸易合作委员会,对两国间经济贸易往来进行总结分析,构架整体框架,为两国间贸易往来把脉。委员会成立后即在摩尔多瓦首都基希讷乌市召开了第一次政府间经贸合作委员会会议,双方签署了《中摩经济贸易合作委员会工作条例》。自此,政府间经济贸易合作委员会会议大致两年召开一次,时至 2017 年,已召开了 8 次。

2000 年,摩尔多瓦基本走出苏联解体的阴影,经济大幅好转,世界银行的报告(2016 年)显示,从 2000 年起摩尔多瓦GDP 每年大致以 5% 的速度递增。2000 年中摩两国贸易总额迅速提升到 812 万美元,其中中国出口为 20 万美元,从摩尔多瓦进口为 792 万美元。为进一步发展两国间的贸易,同年 6 月双方签订了多项协议,有关于所得避免双重征税及防止偷税协议、摩工商会和中国贸促会合作协议、关于航空服务领域的合作协议等。摩尔多瓦从 2000 年开始至 2009 年因政局稳定,经济持续发展,GDP 恢复至苏联解体前的水平。

2002 年,在两国领导人的积极倡议下,两国间的经贸合作关系在政治层面上得到了发展。9 月上旬,在基希讷乌市举办了首届中国贸易展览会,摩尔多瓦总统和总理均出席了展览会开幕式并参观了展览。贸易展吸引了来自中国不同省区市的67 家企业,其间还举办了中摩经济论坛,论坛大约有 19 家中国企业代表和 50 家来自各个不同行业的摩尔多瓦地方企业代表参加。展览会结束后第四日便举行了第二次政府间经贸合作委员会会议。

葡萄酒是摩尔多瓦外贸中的支柱产业,葡萄酒产业的产值占摩尔多瓦 GDP 的 9% 以上,两国政府均有着强烈的愿望将摩尔多瓦葡萄酒引入中国。自 2005 年首届摩尔多瓦葡萄酒节在北京举办后,各式各样以摩尔多瓦葡萄酒为主题的活动在中国多次举办。这些努力近些年来得到了不错的效果,越来越多的中摩两国商人开始从事将摩尔多瓦葡萄酒进口到中国市场的生意。摩尔多瓦葡萄酒对我国的出口量年年攀升,2015 年和 2016 年摩对华出口葡萄酒同比增长分别达到了 87% 和 66%。

从 1992 年至今两国间贸易总量虽有波动,但总趋势为递增且增速较快,虽然贸易总量一直偏低,但发展潜力巨大。中国海关的统计数据显示,摩尔多瓦独立初期(1992 年)与中国的贸易总量仅为 6 万美元,2000 年增长到 812 万美元,2011 年达到 1031 万美元,2014 年超过了 1.4 亿美元,但因 2014 年摩尔多瓦发生了国库诈骗事件,摩尔多瓦列伊贬值,国民购买力下降,从中国直接进口减少,2015 年和 2016 年贸易总量出现下降,分别为 1.2 亿美元和 1.01 亿美元。对比两国贸易总量的数据,摩尔多瓦的统计与我国的统计有着较大的出入。摩尔多瓦国家统计局网站的数据显示,2008 年中摩贸易额就达到了 3.27 亿美元,其中中国对摩尔多瓦出口达到了 3.255 亿美元,但当年中国海关统计两国间贸易总额仅为 7121 万美元。2016 年,摩尔多瓦国家统计局数据显示两国间贸易总量为 4.08 亿美元,与我国统计数据相差甚大。在此给出双方数据,仅供读者参考。在双方的贸易往来中,摩尔多瓦从中国进口的产品主要为机电产品、塑料橡胶制品、化工产品、金属制品和纺织品等。摩尔多瓦由于自身产能较低,向中国出口则集中在葡萄酒、坐具及零件和装饰用织物类等产品上。两国贸易总量中，中国对摩尔多瓦出口与摩尔多瓦对中国出口之比大致保持在8∶1，在双边贸易中摩尔多瓦方面存在着较大的逆差，为此中国在国内多次举办摩尔多瓦葡萄酒展销会，力求提高摩尔多瓦品质优良的葡萄酒在国人间的知名度，扩大摩尔多瓦葡萄酒在华的市场份额。当下中国正在与摩尔多瓦合作实施铁路货运车厢和机场行李检测系统、太阳能电站，以及通信指挥系统三个项目，中国已成为摩尔多瓦第六大贸易伙伴和第三大进口来源国。

值得一提的是，中国和摩尔多瓦正在积极协商自由贸易区的设定。该项目从 2015 年初开始进行可行性研究，研究结果认为，建立中摩自贸区有利于进一步密切双边关系，挖掘经贸合作潜力，促进两国经济发展。2016 年底，在第八次中摩政府间经贸合作委员会会议上，双方签署了《关于启动中摩自由贸易协定联合可行性研究的谅解备忘录》。2017 年底，双方正式进入协定谈判。待自由贸易区设定后，中摩两国间的贸易必然会拥有更便捷的途径和更低的关税，贸易量自然会得到提升，惠及两国人民。

三、中摩在文化、教育及艺术领域的交流

人类文明已有 7000 多年的历史，不同地域的人们在这漫漫的历史长河中因地理、气候、生产和生活方式等因素的不同形成了自身的特质和风貌，历史的洗礼让我们具有了不同的语言、观念形态和交流方式，这些特征的总和便是文化。文化的本质就是一个民族或国家的灵魂、精神的核心，任何民族和国家之间的交流都是建立在文化基础上的。

中国提出"一带一路"倡议后，沿线国家、地区经济文化联

系日益密切,古老的丝绸之路重新焕发出生机与活力,迎来难得的发展机遇。"一带一路"沿线跨度大、地域广、民族多,不可避免地会遇到不同宗教信仰、行为模式等文化上的差异。这些差异无形中将人们之间的距离拉大,因为意识形态的差异,世界上部分国家对我国还存有疑虑和误解,这对"一带一路"所倡议的打造利益共同体、责任共同体、命运共同体产生了负面影响,阻碍了全人类共同发展的步伐。国家之间的交往除了政府层面的宏观把控外,重点还在于国民之间的相互了解和民心相通。而实现民心相通就需要文化先行,因为文化就是一个民族、国家的本质内涵,只有彼此了解和接受了对方的文化,才有可能做到民心相通、相互包容、相互信任,成为友邦。

中国政府与摩尔多瓦政府于 1992 年 11 月 6 日在北京签署了《中华人民共和国政府与摩尔多瓦共和国政府文化合作协定》。该协定是代表两国关系在文化领域发展的一个基础性法律文件,为国家之间文化关系的发展奠定基础,指明发展的主要方向。协定签署至今,两国在文化、教育、社会科学、卫生、体育、出版、新闻、广播、电视和电影等方面的交流与合作愈来愈频繁,规模也越来越大。

在政府层面上,推进两国间文化交流的主要双边协议为《文化合作计划》,该合作计划通常以两年左右的时间段为单位来规划双方具体的合作领域和项目。中摩双方自政府间《文化合作协定》签订后,从未间断过《文化合作计划》的签署。两国文化部部长时有相互访问,举行会谈。1993 年 9 月,中国文化部副部长徐文伯访摩,签署了 1993—1994 年《文化合作计划》,此后,1995 年,1996—1998 年《文化合作计划》继续签署。1998 年 11 月,摩尔多瓦文化部部长格那迪耶·乔巴努访华,中摩签署了两国文化部 1999—2001 年的文化合作计划。2014 年,摩尔多瓦文化部部长巴布克访华,签署了中摩两国文化部 2015—2018 年的文化合作计划。

　　在政府层面搭建好框架后,民间的文化、艺术交流便如火如荼地展开了。在中篇中我们曾介绍摩尔多瓦的"春节"——迎春花节。如今这一传统节日又增添了现代化的元素,每年 3 月 1 日—10 日摩尔多瓦会举办隆重的"迎春花国际艺术节"。近年来,中国每年都会派出文艺团体参加,为摩尔多瓦民众献上精彩的中国文艺节目。2004 年 3 月,中国青少年民乐团参加迎春花国际艺术节。2012 年,南京民族乐团为摩尔多瓦人民带去了二胡、唢呐、扬琴、琵琶、古筝等中国民族乐器的表演。2018 年,在第 52 届迎春花国际艺术节上,中国"安达组合"的艺术家们进行了专场演出,表演了《酒歌》《鸿雁》《故乡》等曲目,将中国草原的豪迈情怀与热情洋溢的生活画卷淋漓尽致地展现给了摩尔多瓦观众。通常,艺术节的音乐会都会在位于基希讷乌市中心的摩尔多瓦国家交响乐厅举行,容纳近 2000 人的音乐厅每年都座无虚席,每当中国艺术家们表演完都会听到热烈的掌声和叫好声,有时甚至还能听到用中文发出的叫好声。如今,中国元素已经成为迎春花国际艺术节上的一大亮点。摩尔多瓦的艺术家们也不时前来中国,将摩尔多瓦的传统艺术展现给中国民众。摩尔多瓦体育舞蹈团成员、音乐家们于 2000 年 5 月和 2001 年 4 月分别参加了第一届和第二届"相约北京"演出。2004 年,摩尔多瓦国家"笛子"民族歌舞团赴广西参加了南宁国际民歌艺术节,表演了如《来自摩尔多瓦的玫瑰》等摩尔多瓦歌曲,并用中文演唱了《茉莉花》。歌舞团演员娜达莉娅·蒙迪亚努(Nătăliţa Munteanu)回国后在接受采访时表示,她的中国之旅非常愉快,中国是一个美丽富饶的国家。

　　中国和摩尔多瓦在教育领域内的合作从 1997 年便开始

了,当时摩尔多瓦有 6 名大学生获得了中国政府奖学金,来中国学习经济、化学、针灸等专业。针灸在摩尔多瓦颇受欢迎,学成归国的摩尔多瓦学生开办针灸馆,为本国民众提供针灸理疗。1999 年,摩在华留学生为 5 人。2000 年,中国在摩尔多瓦的自费留学生为 20 人。2001 年 7 月,中摩签署《中华人民共和国政府和摩尔多瓦共和国政府教育合作协议》,启动了互换奖学金留学生的项目,随后两国间留学生人数显著增长,如今已有多人获得硕士、博士学位。2014 年,两国教育部签订了《中华人民共和国教育部和摩尔多瓦共和国教育部教育合作协议》,进一步促进了两国间的教育交流。到了 2016 年,获中国政府奖学金的摩尔多瓦留学生达 20 人,获摩尔多瓦政府奖学金的中国留学生为 15 人。在摩尔多瓦留学的中国学生多集中在摩尔多瓦国立大学、摩尔多瓦经济学院和摩尔多瓦农业大学,主要学习俄语、罗马尼亚语、新闻、国际关系等专业。

自 2001 年两国间政府教育合作协议签订后,中国开始向摩尔多瓦派出汉语教师,负责向摩尔多瓦学生提供中文教学。摩尔多瓦国立大学成立了中文班(后发展为汉语中心),设立了汉语专业,自此摩尔多瓦学生拥有了学习汉语的正式渠道,数位中文班毕业的学生后来成为中国驻摩使馆的对外秘书,甚至多次在正式外交场合担当摩方高官的现场翻译,为两国的合作交流起到了实实在在的作用。2009 年 5 月 6 日,西北师范大学和摩尔多瓦自由国际大学合作,创建了摩尔多瓦第一所孔子学院。2014 年,这所孔子学院的学员人数比 2013 年增加了75％,参与孔子学院组织活动的人数超过 1 万人。截至 2017 年,这所孔子学院共计培养学员超过 3600 人,68 名学生获得汉办奖学金前来中国留学。孔子学院从无到有,从小到大,通过和不同机构合作,在不同地点增设教学点,开设摩尔多瓦政府官员汉语学习班,在摩尔多瓦俨然掀起一股"汉语热",学汉语的人数持续增多。孔子学院已成为摩尔多瓦汉语教学中心和传播中国文化的基地,培养了一大批懂中文、了解中国历史文化的友好交流人才。此外,它还通过举办各种文化活动、学术活动让摩尔多瓦的年轻一代了解中国,爱上中国。在历年的摩尔多瓦国际儿童图书展中,中国展台总是被可爱的摩尔多瓦小朋友围得水泄不通,要求工作人员用中文帮他们书写名字。

四、中摩医疗卫生领域的交流

中摩之间的友好文化交流除了艺术、教育外还体现在医疗卫生领域。受苏联时期经济的影响,独立前摩尔多瓦的医疗条件极为艰苦,世界卫生组织的数据显示,1990 年摩尔多瓦仅有129 张医院床位和 40 名医生。独立后,摩尔多瓦政府拿出财政预算的 12%来提高医疗卫生水平,公立医院实行全民免费医疗,并颁布法律禁止医院出售药物,这样就有效地避免了医生为患者大量开药谋利的现象,医疗状况得到了很大改善。目前摩尔多瓦医疗保障覆盖面较广,人民享有基本的医疗服务保障,但依然存在很多不足,如医疗设备严重老化等,世界上许多国家均在给予援助。

中医既是中华文明的精粹,又承载了中国古代人民积累的丰富经验和智慧。中国对摩尔多瓦不仅给予了现代医药物品、医疗器材的援助,同时还将本国独有的中医带到了摩尔多瓦,以提高摩尔多瓦民众的健康水平。2003 年 2 月,中国与摩尔多瓦签署了《中华人民共和国卫生部和摩尔多瓦共和国卫生部关于提高卫生专业人员技能合作的议定书》和《中华人民共和国国家中医药管理局和摩尔多瓦共和国卫生部传统医药合作谅解备忘录》,两国间开展了包含中医在内的医学交流。2004 年

5 月,中国中医药管理局代表团访问摩尔多瓦。随后在 2008 年,随着第四次政府间经贸合作委员会会议的召开,两国签署了中国援助摩尔多瓦建立中医中心项目的换文。2010 年,中方与摩尔多瓦国立医药大学合作,为摩尔多瓦援建了中医中心。2011 年 3 月,中医中心正式投入运行,首批中国医生是来自河南省的 3 位中医专家。他们用针灸、按摩等中医传统疗法和中草药为摩尔多瓦人民提供诊治。中医在摩尔多瓦很受欢迎,每天来中医中心接受理疗的人络绎不绝,尤其是针灸,摩尔多瓦民众对针灸的理疗效果深信不疑,中医中心甚至出现过一次性针灸针不够用的情况。据中医中心针灸专家介绍,针灸在摩尔多瓦患者中反响良好,的的确确帮助了不少患者。2015 年,甘肃省被商务部确定为援助摩尔多瓦中医中心项目执行省份后,甘肃中医药大学和摩尔多瓦国立医药大学成立了岐黄中医学院,这也是中医中心在摩尔多瓦发展的第二阶段。甘肃中医药大学于 2016 年派出了 4 名专家,为摩尔多瓦人民继续提供中医服务,同时也承担起了培养摩尔多瓦本土中医师的职责。在此期间,中医中心曾接待过一位头颅受伤的当地患者,脑出血达到了 150 毫升,时常有耳鸣的症状,在中医中心接受针灸治疗后,得以痊愈,他高兴地称赞"中国医生像会魔术"。中医专家在当地治愈了很多疑难病,在百姓中有很好的口碑。随着双方医药大学合作的不断深化,两校在 2016 年开展了学生交换项目,以促进两国间的中西医交流。截至 2018 年,中国援建的中医中心已接待患者超过 30000 人次,中国医生精湛的医术和周到的服务受到患者广泛好评,在民众纷纷赞叹中医神奇魅力的同时也加深了中摩两国间的友谊。

　　除此之外,中国驻摩尔多瓦使馆每年都会举办一些中医养生、太极武术之类的活动,让摩尔多瓦官员和民众了解中国文化。近些年使馆每年年末还积极参与摩方主办的义卖活动，将所获款项捐赠给当地贫困家庭和一些社会福利机构，帮助摩尔多瓦改善民生。通过派文艺代表团，举办电影周、图片展，向摩尔多瓦大学、图书馆赠送图书，邀请摩尔多瓦教育界、新闻界及其他各界朋友赴华考察、参观、采访、参加培训等方式，让摩尔多瓦人民从多个角度了解古老且焕发着勃勃生机的中国。

摩尔多瓦自身悠久的历史和文化也通过来摩的华人而逐渐被国人了解。每当有中国游客来到摩尔多瓦，米列什蒂·密茨、克里克瓦大酒窖都是游客必去的地方，在这里可以了解摩尔多瓦古老而精致的葡萄酒文化。摩尔多瓦人民能歌善舞，凡是来过摩尔多瓦或对摩尔多瓦有所了解的国人，一定对霍啦舞这类摩国传统舞蹈耳熟能详，甚至能一同参与进来，对酒当歌，酣歌醉舞。相信热情友好的摩国民众会让每个在摩尔多瓦生活过的中国人都对这段经历终生难忘。

在基希讷乌，大使馆、孔子学院、中医中心、留学生群体，以及像华为、中兴这样的中资企业彼此间拥有着和谐、友爱的关系，如同一家人一般，相互协助，共同参与建设中摩友谊的各项事业。学习中文的摩尔多瓦学生们，他们如同在摩华人的亲朋好友，无论是使馆还是孔子学院举办的各类活动中，总也少不了他们的身影。这充分展示了中摩文化的融合，展现了中摩之间的深厚友谊。这些文化交流让彼此更加了解对方、更加喜爱对方！中摩正在向人心相通的大道上稳步前行。

通向欧洲的大门

　　中国在提出"一带一路"倡议后，在 4 年多时间里已取得了重大的成就，大量基础设施建设项目在沿线国家上马，为沿线各国带来了切实的利益。中国位于亚洲，自然身处亚洲经济圈，以中国作为起点的"一带一路"从客观上来说在全球形成一个"闭环"，在"环"上与亚洲经济圈遥相呼应的便是欧洲经济圈。近些年来，亚洲经济圈发展迅速，异常活跃，成为全球经济发展的一台引擎。欧洲经济圈则相对显得疲软，然而欧洲多为发达国家，经济基础雄厚，实为另一台不可忽略的世界经济引擎。"一带一路"路线贯穿欧亚非大陆，从全球地理角度来看，如果不能与欧洲经济圈深入合作，"一带一路"所倡导的人类利益共同体、责任共同体和命运共同体就会失去平衡，失去持续发展的内在动力。目前来看，响应"一带一路"倡议的大多数还是经济欠发达的发展中国家，欧洲发达国家介入得并不深。在这一形势下，中国企业更应该借助"一带一路"的机遇与沿线国家积极合作，利用沿线国家的优势积极融进欧洲经济圈。

　　摩尔多瓦共和国虽然人口不多，自身市场较小，体量也不大，但位于欧盟和独联体国家之间，使得它拥有得天独厚的地缘政治优势，以及由此带来的经济发展潜力。它原本为苏联的一个加盟共和国，目前为独联体成员国，自然享有独联体框架内部各成员国之间的贸易及投资优惠。同时近些年来摩尔多瓦一直致力于"欧洲一体化"，努力加入欧盟，欧盟为此也从各个方面出台优惠政策，帮助摩尔多瓦完善体制，发展经济。摩尔多瓦处于欧洲两大政治经济体的交集之中，成为外部进入整个欧洲市场的一个非常好的切入点。通过摩尔多瓦向西可以辐射进入欧盟，向东则可进入乌克兰等独联体国家。中国与摩尔多瓦友谊纯正，无利益冲突和明争暗斗，摩尔多瓦各届总统都曾表示愿意成为中国与欧洲之间的桥梁。在"一带一路"倡议下，两国政府达成了加深合作的共识，摩尔多瓦已多次表明视"一带一路"为一个发展经济的机遇，会努力抓住这一机遇。中国企业应积极向摩尔多瓦投资，落实一批切实可行、互惠互利的合作项目。

摩尔多瓦独立后经济发展迅速，多年保持了 7％左右的 GDP 增长速度，在独联体国家中独树一帜。然而由于独立前摩尔多瓦被苏联当作"粮仓"，主要进行农作物生产，在工业领域缺乏完整的产业链，而只是生产重工产品的某些部分，比如潜艇发动机、地铁列车车厢等，因此独立后无法形成可独立运作的生产线。工业底子很差，国家创造财富能力有限，再加上国土面积偏小，摩尔多瓦依然处在欧洲最不富裕的国家行列之中。在摩尔多瓦独立后，中摩两国政府间虽不断表态加强经贸合作，两国间的贸易总量整体也呈上升态势，但两国之间缺乏大型的合作项目，这主要是因为国内对摩尔多瓦不够了解，信息不对称，国内有实力的企业没有看到摩尔多瓦作为中国进入欧洲切入点的作用。目前，中国在摩尔多瓦最大的投资项目仅为一座综合商贸中心，由一家私营公司（"三联"公司）进行投资，项目资金约为 3000 万美元。① 除此

---

① 商务部国际贸易经济合作研究院、中国驻摩尔多瓦大使馆经济商务参赞处、商务部对外投资和经济合作司：《对外投资合作国别（地区）指南——摩尔多瓦（2017）》，https://www.yidaiyilu.gov.cn/zchj/zcfg/6739.htm，2018 年 5 月 12 日，第 29 页。

之外,华为、中兴近些年在摩尔多瓦市场上也有不俗的表现。摩尔多瓦政府于 2005 年制定了"消除贫困、发展经济"计划,随后随着全球互联网的发展,摩尔多瓦政府做出了优先考虑发展电信基础设施的决定,中兴、华为抓住了机遇,经过一系列努力,排除困难,成功中标,接连在摩尔多瓦承接了 CDMA、3G 网络的架设工程,以及后来的智能交通监控中心项目(2013 年),成为中国企业对摩尔多瓦投资与合作的成功典范,亦成为一项向欧洲展示中国工程的示范性项目。

接下来我们将为中国企业介绍摩尔多瓦共和国当前所具有的特点,分析对摩尔多瓦投资的优势和风险,希望能够帮助国内企业走出去,也为摩尔多瓦的经济发展尽一份力。

一、摩尔多瓦的地缘优势

从上篇的历史介绍中我们看到,摩尔多瓦历经波折,作为一个小国,要在强国的夹缝中生存,谈何容易。摩尔多瓦独立后,便宣布成为永久中立国,实行"不站队"的外交方针,同时与独联体和欧盟两大阵营展开合作。

1994 年 5 月,摩尔多瓦签署了北约发起的"和平伙伴关系计划",接受了西方的民主、人权标准,在战略与防务上开始与西欧正式合作。随后在 1997 年,摩尔多瓦与独联体国家格鲁吉亚、乌克兰、阿塞拜疆合作,联合组建了古阿姆集团(GUAM,名称为 4 个国家首字母的缩写),加强了 4 国间的经济、政治联系。2017 年,古阿姆四国协商落实建立自由贸易区。摩尔多瓦于 1999 年又加入了欧盟提出的"欧洲-高加索-亚洲运输走廊组织",该组织成员提供从亚洲一直到欧洲的货运通路,近年来随着欧洲经济发展的减缓,该货运通路的运载量下滑,但随着中国"一带一路"倡议的实施,"运输走廊"上的国家基建设施有机会得以修缮,"一带一路"与"运输走廊"或许可以找到较好的切合点。2001年7月26日,摩尔多瓦加入了世界贸易组织①,对外的贸易遵循WTO规则,积极在全球拓展葡萄酒的外销市场,第三届世界贸易组织葡萄酒旅游全球会议便定在摩尔多瓦的基希讷乌召开。2001年6月,摩尔多瓦被接纳为"东南欧稳定公约"正式成员,与巴尔干地区国家就建立自由贸易区达成了共识。在随后的数年里,摩尔多瓦和巴尔干地区国家不断深化合作,寻求经济发展,分别加入了"东南欧合作进程"和"能源共同体东南欧协定",这些协定的签署使得摩尔多瓦在与保加利亚、马其顿、罗马尼亚、塞尔维亚、黑山、阿尔巴尼亚等国进行贸易时享有一定的优惠。2009年,摩尔多瓦担任了独联体轮值主席国,2011年,摩尔多瓦签署了独联体自由贸易协定,在独联体各国内享受关税减免的优惠待遇。

值得说明的是,摩尔多瓦虽然同时与欧盟和独联体开展合作,但实际上摩尔多瓦更加倾向于靠拢欧盟。摩尔多瓦一直致力于推动"欧洲一体化",然而这里的"欧洲一体化"更加确切地可以理解为"摩-欧一体化"。2006年,欧盟便给予了摩关税普遍优惠待遇。2008年,欧盟与摩尔多瓦签订了自主贸易优惠协议。根据协议,欧盟从摩尔多瓦进口的商品,除农副产品如酒、糖类进行配额和部分减免关税外,其他产品均免除关税。从2010年摩尔多瓦与欧盟正式开启了摩尔多瓦成为欧盟联系国的谈判工作到2014年正式签署联系国协定期间,摩尔多瓦加入了"欧洲能源共同体",签署了与欧盟共同航空协议、农产品地理标志协议、同欧盟的深度广泛自由贸易协定,现摩尔多瓦

①　世界贸易组织官方网站,https://wto. org/english/thewto_e/countries_e/moldova_e. htm,2018年7月15日。

向欧盟出口的绝大多数产品均享受免除关税的优惠,其中摩尔多瓦葡萄酒不仅免除关税而且对欧出口无配额限制,摩尔多瓦公民也可免签进入欧盟成员国。欧盟一直在为摩尔多瓦提供不对等的关税优惠待遇,并对摩尔多瓦给予大量资金援助,帮助其改善经济。

不仅如此,2014 年摩尔多瓦与位于欧亚交界处的土耳其签订了自由贸易协定,规定两国间可以进行近 9000 种商品的自由贸易。

摩尔多瓦连接中东欧地区,与欧盟、独联体、土耳其均建立了自由贸易区,在摩尔多瓦生产并获得原产地证明的产品可免税、无配额限制地进入约 9 亿人口的欧亚大市场。同时,摩尔多瓦与中国的自贸区也即将建立起来,这些优势使摩尔多瓦可以为中方在摩尔多瓦投资设厂、生产货物,以及将货物转口欧盟、独联体国家和东南欧地区国家提供快捷便利的服务。摩尔多瓦自身市场虽小,但对外经贸活动的辐射范围却非常广。

二、摩尔多瓦的资源优势

在远古时期,摩尔多瓦所在的土地曾为海床,随着地壳沉降运动而演变为谷地和丘陵,现在摩尔多瓦境内拥有广袤的森林,其森林覆盖率超过了国土面积的 40%,年复一年的落叶在摩尔多瓦土壤中产生了大量有机腐殖质层,形成了肥沃的黑钙土。凡是到过摩尔多瓦草原和森林的人都会为这片肥田沃地而感叹。除了这膏腴之壤外,摩尔多瓦处于北纬 47.25 度、东经 28.58 度,年持续日照时间足有 2000 多个小时,被誉为"阳光之国"。再加上距离黑海不远,充满水汽的地中海热浪和大西洋气旋带来了湿润、温暖的空气,这为摩尔多瓦的夏季带来了充足的雨水。这样的温带大陆性气候令摩尔多瓦土地上的植物生长期超过 210 天。得天独厚的优势造就了摩尔多瓦富足的农业产出，这也难怪历史上不论是奥斯曼还是苏联，都曾把摩尔多瓦当作"粮仓"。如今摩尔多瓦政府也在重点推进农业领域内的招商引资，尤其是在农产品的收获、储藏和再加工等方面的投资。

摩尔多瓦的主要农作物有玉米、大麦、裸麦等，经济作物有烟草、甜菜、大豆、向日葵和亚麻等。其中，向日葵产量非常高，占摩尔多瓦全国农业产值近 60%，大量葵花子被压榨成植物油，摩尔多瓦国内食用油市场上占份额最多的便是葵花子油。除此之外，摩尔多瓦的食品加工，比如罐头制品、制糖业和肉类加工等也较为发达，全国大中型食品加工企业有 20 多家，小型企业则超过 100 家。摩尔多瓦产的果汁价廉物美，品质非常好。摩尔多瓦在种植蔬菜水果时基本上不使用农药，这使原材料保持了绿色天然的特性；在加工过程中也不使用添加剂，市场上随意买到的果汁在饮用时都可品出天然的水果味。目前摩尔多瓦生产的罐头超过 100 多个品牌，较大的厂一年成品产出可达 30 万吨，这些较大的品牌早已打入欧盟市场。摩尔多瓦的制糖业也具有规模，主要生产与巧克力混合的糖类，质量较好。作为欧洲国家，摩尔多瓦自然也会生产一些奶制品，比如奶酪等，但除牛奶外其他奶制品产量并不高。摩尔多瓦市场上充斥着大量进口奶酪，这主要是摩尔多瓦政府在过去十几年中未能扶持和保护好本国的奶制品企业所致。尽管这些奶制品数量有限，但品质却很好，通常在生产过程中不会添加任何防腐剂。至于烟草，在苏联时期摩尔多瓦的烟草产量很大，但现在规模已经很小，摩尔多瓦拥有自己的香烟品牌，制造香烟的原料也是本国自己种植。

谈到农副产品，就不得不提摩尔多瓦历史悠久、品质精良、引以为豪的葡萄酒,这也是摩尔多瓦的"国家名片"。摩尔多瓦境内丘陵和谷地纵横交错,在半米左右厚度的黑钙土下方是原海底地质的石灰岩层,这样的土质结构具有良好的疏水性,再加上气候和日照,在葡萄栽培方面有着得天独厚的优势。白葡萄和红葡萄均适合在此生长,并且种植出的葡萄品质好,抗病性强,不仅味道香甜还易保存。摩尔多瓦的葡萄品种极为丰富,90%以上属欧洲品种,有白品乐、黑品乐、霞多丽、长相思、琼瑶浆、阿里高特、西万尼、品丽珠、美乐、雷司令等。[1] 摩尔多瓦的葡萄园区总面积超过了 15 万公顷,其中商业生产占三分之二,其余三分之一则为家庭自产,通常这些家庭自种的葡萄被酿制成了家用葡萄酒。在摩尔多瓦家家户户均会酿制葡萄酒。摩尔多瓦的商业葡萄园区主要分为三个产区,分散在全国各地,不同地域的自然条件适宜种植不同品种的葡萄。这些产区如今已被国家设定为具有地理标识保护的葡萄酒生产区,就如同只有法国的香槟地区所产的起泡酒才能被称为香槟一样。这三个产区分别为库德卢(Codru)产区、斯特凡-沃达(Stenfan-Voda)产区和瓦鲁特拉扬(Valul lui Traian)产区。库德卢产区是摩尔多瓦葡萄酒最大的产区,位于北方,因此和其他产区相比冬天略冷。此产区拥有超过 53000 公顷的种植面积,主要种植白葡萄,品种有霞多丽、雷司令和长相思等。斯特凡-沃达产区则属于摩尔多瓦南部,在行政版图上位于靠东一侧,在摩尔多瓦市场上广受欢迎的葡萄酒品牌普嘉利(Purcari)就有酒庄在此。此产区因靠近黑海,自然条件得天独厚,所产葡萄的质量异常好,常用于生产著名的赤霞珠和霞多丽这样的葡萄酒。

---

[1] 中国驻摩参赞经商处官方网站,http://md. mofcom. gov. cn/article/ztdy/200304/20030400080110. shtml,2018 年 7 月。

在摩尔多瓦国土最南部有第二大产区——瓦鲁特拉扬,这里的葡萄多被种植于普鲁特河的沿岸。此产区地中海气候明显,相对于北部产区,冬季相对温暖一些,黑比诺、美乐和赤霞珠在这儿都比较常见。此产区中有我们在中篇中曾介绍到的历史遗迹"图拉真墙"。南部产区在重要性上要高于北方产区,产出的葡萄适宜酿造半甜型和全甜型葡萄酒,发酵后,产生的酒精含量也偏高一些。三大产区占据了全国三分之二的葡萄酒生产面积,其总面积与法国的波尔多不相上下,这使得摩尔多瓦成为世界上葡萄园占国土面积比例最高的国家①,2017 年摩尔多瓦年产葡萄 67.5 万吨②。

拥有了数量庞大且质量上好的葡萄,自然就酿制出了优质的葡萄酒,这一点我们在前面的章节中已多次提及。摩尔多瓦的葡萄酒酿制历史超过 3000 年,早在达契亚王国之前便开始酿制,为最古老的葡萄酒酿制国,也是 1924 年所成立的"国际葡萄与葡萄酒组织"(OIV)创始国中酿酒历史最悠久的成员国。摩尔多瓦所产的红葡萄酒色泽饱满、香气浓郁、甘甜度适宜、口感醇厚,可谓醇馥幽郁,饮后回味悠长;而白葡萄酒则具有独特、奇妙的香气和味道,给人一种清新之感。在摩尔多瓦市场上葡萄酒价格非常亲民,一般一瓶上好的葡萄酒约为 30 元人民币,典藏珍品酒大致几百元人民币,实属超值,在摩尔多瓦的华人大多会在摩尔多瓦生活阶段"过足葡萄酒瘾"。摩尔多瓦的酿酒工艺悠久而精湛,在被沙俄统治时期,摩尔多瓦就被沙皇誉为"俄国的酒窖",当时的俄国人以能品到摩尔多瓦的葡萄酒为荣。不仅沙俄如此,英国皇室对摩尔多瓦葡萄酒也是

---

①　实际葡萄种植面积约为国土面积的 4%,约 12.8 万公顷。

②　摩尔多瓦国家统计局网站,http://statistica.md/,2018 年 6 月20 日。

情有独钟,英国国王乔治五世和英国女王维多利亚都曾专门收集典藏的摩尔多瓦私用红酒。在苏联时期,摩尔多瓦亦成为苏联的葡萄酒基地,向整个苏联供应葡萄酒,但后来戈尔巴乔夫在苏联发起了"反酒精运动",此举对摩尔多瓦的葡萄酒生产产生过较严重的冲击。摩尔多瓦独立后,葡萄酒产业作为重点产业开始振兴,2003年摩尔多瓦生产150多种葡萄酒,其中已获注册商标的高品质葡萄酒有90种,白兰地22种,起泡酒(香槟)25种,以及高度酒和甜酒28种。①

摩尔多瓦官方2016年发布的数据显示,目前在摩尔多瓦生产品牌葡萄酒的厂家有97家,它们所生产的葡萄酒、起泡酒、白兰地及其他酒类产品总产量达到了1260万升。② 在这些酒厂中最有名气的要数克里克瓦、米列什蒂·密茨和普嘉利,它们生产的各类葡萄酒、起泡酒以及白兰地,均具有极好的品质。摩尔多瓦虽为一个小国,但在葡萄酒文化和生产上却称得上一个"大国",处于世界领先水平,被誉为"葡萄酒王国"。

摩尔多瓦葡萄酿酒行业非常注重质量,以确保品牌声誉不受损。葡萄酒的生产在全国执行统一的国家标准,比如说同一品种的葡萄酒在各大酒厂生产时,必须使用相同品种的葡萄和相同的酿制工艺,从而确保此种葡萄酒所独有的风味和特色,不同品牌或品种的葡萄酒不会雷同,各具特色,既保证了品牌的品质也使得消费者在购买时能轻易选购到自己想要口感的葡萄酒。在葡萄酒的生产过程中,对原材料质量也执行很高的国家标准,在酒厂去产区收购葡萄时,会对葡萄进行严格的检测,根据当年葡萄的特点进行分类,如含糖量、维生素含量、微量元素含量等,将葡

---

① 中国驻摩参赞经商处官方网站,http://md. mofcom. gov. cn/article/ztdy/200304/20030400080110. shtml,2018年7月。

② 摩尔多瓦国家统计局网站,http://statistica.md,2018年9月7日。

萄分门别类地用于生产不同品种的葡萄酒,确保品牌品质。葡萄酒的存储亦有着严格的要求,生产出来后须用橡木桶封装,然后放入酒窖,在中篇中我们已经领略了摩尔多瓦两大著名酒厂大酒窖的风貌,其实摩尔多瓦各个酒厂均有自己的地下酒窖,这些酒窖常年温度为 12—16 摄氏度,湿度保持在 80％以上,这样的条件非常适合葡萄酒的存储。摩尔多瓦的酒窖中保存着大量陈年珍品酒,等到年份满后才会出窖上市。虽然摩尔多瓦基础设施处于老化的状态,但葡萄酒加工生产线上的设备却非常先进。对生产流程实施科学的管理,加工标准化程度高,再加上摩传统、悠久、精良的酿造工艺,保证了摩尔多瓦葡萄酒的高品质。

摩尔多瓦葡萄酒的出口国主要有俄罗斯、乌克兰、哈萨克斯坦、白俄罗斯、拉脱维亚、立陶宛、爱沙尼亚、罗马尼亚、德国、美国、加拿大、英国和以色列。俄罗斯一直为摩尔多瓦葡萄酒的最重要出口市场,后来由于摩尔多瓦在政治上向欧盟靠拢,俄罗斯数次对其进行经济制裁,最主要的手段便是禁购摩尔多瓦葡萄酒,这对经济本来就困难重重的摩尔多瓦来说简直是雪上加霜。因此摩尔多瓦也在不断寻求新的海外市场,力求摆脱对俄罗斯市场的依赖。目前白俄罗斯是摩尔多瓦酒类产品最大的出口国,其后是乌克兰。[①]

摩尔多瓦政府和人民都非常希望能够将价廉物美的葡萄酒推广到中国市场,这一点在摩尔多瓦的网上论坛就可见一斑。每当中摩政府间有经济合作的新闻出现时,总能够看到有摩尔多瓦民众发声,呼吁加强对中国市场的重视,期盼能让中

---

① 商务部国际贸易经济合作研究院、中国驻摩尔多瓦大使馆经济商务参赞处、商务部对外投资和经济合作司:《对外投资合作国别(地区)指南——摩尔多瓦(2017)》,https://www.yidaiyilu.gov.cn/zchj/zcfg/6739.htm,2018 年 5 月 12 日,第 17 页。

国这一近 14 亿人口的超级大市场尽快了解和享用到品质一流的摩尔多瓦葡萄酒。虽然近些年来两国间葡萄酒的贸易量有增无减，但总量还是偏少，这主要是国人对摩尔多瓦葡萄酒不了解。在此，呼吁国内有实力的企业和个人能抓住这个商机，为国人带来品质卓越且价格低廉的摩尔多瓦葡萄酒。

除了葡萄酒和农作物外，摩尔多瓦还拥有一定数量的石料。比如，初到基希讷乌的游客会有一种身临白色石头世界的感觉，这是因为基希讷乌主街道的很多重要建筑物都是由白色石料建造的。这些石料主要是石灰岩，摩尔多瓦在远古时期曾为海床，海水中的碳酸盐沉淀下来，形成了厚厚的石灰岩层。在基希讷乌附近蕴藏着厚度达一两千米的石灰岩。

石灰岩有许多工业用途，开采出来之后可以直接利用或加工成多种产品，被广泛应用于冶金、化工、建筑、建材、环保、农业、食品等行业。在冶金工业中，石灰石被用于从熔融金属如钢铁中去除杂质。化工工业中，石灰石可用于制造漂白剂、苏打、电石等，也是橡胶生产中的填充剂。建筑业中石灰岩更是应用广泛，现代建筑中必不可少的水泥的生产就离不开石灰石这一原料。除此之外，石灰石还常用于纸张、塑料和油漆等的生产中。纯净的石灰石还能用于制造药品和食品，如钙片和燕麦片等。除石灰岩外，摩尔多瓦还拥有较多的大理石、陶土、硅藻土和沙石等。但整体而言摩尔多瓦自然资源较为贫乏，金属类矿藏含量很低，天然气、石油更是 100％依靠进口。

三、摩尔多瓦对外资进入的支持与优势

因自身缺乏资金，摩尔多瓦政府出台了各项优惠政策吸引外资进入。涉及外资进入摩尔多瓦的法律法规文件有多个，其中最重要的当数 2004 年颁布的《摩尔多瓦企业投资活动法》。

它以法律的形式规定外资可向除军工领域外的任何领域投资。为了最大限度地调动海外投资者的积极性,摩尔多瓦将外国投资者与本国投资者一视同仁,无区别对待,给予外国投资者"国民待遇"。《摩尔多瓦企业投资活动法》中规定:"(1)投资不因投资者国籍、居住地区等个体因素而受到歧视;(2)外资企业的注册、经营和注销同摩尔多瓦本国企业相同;(3)外资企业职工可同摩尔多瓦企业职工一样享受医疗和社会保险。"政府对外资的保护也有着充分的考虑,《摩尔多瓦企业投资活动法》明确规定了对投资方利益的保护:"(1)投资不被罚没或以其他方式使投资者失去财产所有权或对投资的监控权;(2)公共权力部门由执法失误给投资者造成的损失由责任人依法负责赔偿;(3)外国投资获利及财产在支付税款后,可以自由汇往摩尔多瓦境外,投资所得本国货币可自由兑换成外币汇出;(4)外国投资者可在摩尔多瓦境内购买除农用耕地和林业用地以外的不动产并使其成为私有财产。"

摩尔多瓦为国际货币基金组织(IMF)成员国,本国的企业注册法和外汇管理细节等法律法规中明确规定允许自由开展的外汇业务,外资企业可在摩尔多瓦开设外汇账户并进行自由结算。但须注意,在进入和离开摩尔多瓦时必须向海关申报所持有的外币或摩尔多瓦列伊的数量。短期访问摩尔多瓦的外国人在离境时不得携带比入境时所申报数量更多的现金;而在摩尔多瓦长期生活的外国人最多可带5万美元或等值的现金离境,高于此金额则必须经由银行转账。摩尔多瓦目前拥有11家商业银行,较大的银行有摩尔多瓦农业银行、维多利亚银行、法国兴业银行在摩的合资银行Mobia银行、罗马尼亚的ProCredit银行等。所有银行均开展外币的存贷、国际贸易结算、商业担保等业务。

　　外国投资方可以在摩尔多瓦开办企业、组建股份公司。允许直接对摩尔多瓦企业进行投资,可进行股票、股份和其他证券的购买。国外投资者可以在摩尔多瓦进行自然资源的勘探、开采和加工,如需对农业和林业用地进行投资则必须和当地企业进行合作,以合资企业的名义进行。国外投资可以并购摩尔多瓦的企业,但须向摩尔多瓦经济部申请,待到批复许可后才可进行。摩尔多瓦还提供了公司合营的投资方式,即在工程、公共服务等领域,允许进行特许经营服务,相当于国家将一些大型的公共设施交由外资公司进行经营管理,但经营期限不得超过 50 年,超过期限后,企业公共资产部分无偿归国家所有。

　　尽管摩尔多瓦地处欧洲,但劳动力资源却十分有优势。摩尔多瓦国民教育水平较高,全国基本上无文盲,人口素质高,社会治安良好,但由于摩尔多瓦自身经济不够发达,缺乏就业岗位,摩尔多瓦国内工资水平偏低。2016 年,摩尔多瓦职工平均月工资约为 6000 列伊(约合 400 美金),其中金融和 IT 通信为薪水最高的行业,均超过 1 万列伊,而艺术和服务业则成为薪水最低的行业,只有 3000 多列伊。① 这也导致了摩尔多瓦大量人口外出务工,这些人主要前往西欧和俄罗斯,每年从国外汇回国内的外汇成为摩尔多瓦的一项重要资金来源,同时人才流失情况较为严重,许多家庭人口长期分居,带来留守儿童等社会问题。目前,摩尔多瓦是欧洲劳动力最便宜的地区之一,摩尔多瓦法律规定雇员的最低月薪为 2100 列伊,不到 150 美金,这样的薪资大致为罗马尼亚和乌克兰人力成本的一半。显而

　　① 商务部国际贸易经济合作研究院、中国驻摩尔多瓦大使馆经济商务参赞处、商务部对外投资和经济合作司:《对外投资合作国别(地区)指南——摩尔多瓦(2017)》,https://www.yidaiyilu.gov.cn/zchj/zcfg/6739.htm,2018 年 5 月 12 日,第 34 页。

易见,摩尔多瓦并无外籍劳务市场,政府也通过政策限制了外籍人士在摩尔多瓦务工的数量,仅引进具有高水准的专业人士来摩尔多瓦工作。实际上每年摩尔多瓦移民局签发的工作许可仅为 2000 多人,因此若在摩尔多瓦进行投资应注意尽量不要派遣本国的劳务人员。外籍工作人员一次仅可获得不超过一年的工作许可,但在期满时可续发工作许可。摩尔多瓦劳工法对雇员的保护较为严格,比如每周工作时间为 40 小时,午饭时间为 1 小时,若需加班必须支付加班费,且加班费较高。工作环境必须达到相应的安全和卫生标准,若条件艰苦,则必须支付额外的费用给雇员。法律规定员工每年最短的年假为 24 个工作日,女性职工不能上夜班。对于产假,摩尔多瓦给予了相当人道的规定,女性职工可在分娩前 70 天和产后 56 天享有带薪休假。若有需要,女性职工哺乳期可达一年半。如果家庭认为需要更多时间照顾孩子,则女性职工可停薪留职 2 年。企业需要为雇员交付养老保险(发放工资的 24%)和医疗保险(发放工资的 3%),且不可随意解雇雇员。

摩尔多瓦将天然气和电的供应划分为民用和商用两类,商用价格略高于民用价格,但整体依然不高,例如商用电费为每千瓦时近 1 元人民币,商业用水费用则相对较高,每立方米约为 11 元人民币。在基希讷乌租赁办公室的成本为每平方米每月 15 欧元左右,办公楼购买的价格为每平方米 4000 多欧元。摩尔多瓦的 IT 通信非常好,在政府决定优先考虑发展电信基础设施后,摩尔多瓦的国际互联网发展非常迅速,近些年来一直排在世界网络速度最快的前 5 名国家之列。提供千兆网络接入的区域已覆盖 90% 的人口,2015 年摩尔多瓦便已拥有超过 80 家的互联网接入提供商,其中最大的提供商为国有电信企业 Moldtelecom。激烈的市场竞争,不仅带来了高质量的服务,也降低了服务费用。在基希讷乌获得 100M 上下对等传输速率的无限制互联网和高清 IPTV 服务只需每月 160 列伊,约合 65 元人民币(基于 2018 年 8 月汇率)。

摩尔多瓦目前建立了 9 个自由经济园区,包括自由经济区、创业园区和自由航空港。这些园区分布在摩尔多瓦境内各个方位,为本国和外国企业入驻提供了相对优惠的政策。园区内提供了较完善的基础配套设施,如水、电、天然气的供应,污水处理设施,包括公路、铁路和机场的主要交通干道,以及政府直接设立的海关办事处,可方便地进行加工生产、货物存储和进出口贸易。园区内的水、电、天然气价格远低于城市内的价格,水费约为每立方米 6 元人民币,电费约为每千瓦时 0.6—0.7 元人民币,天然气约为每立方米 2 元人民币。园区内的工人薪资以及土地租金都较为低廉。

摩尔多瓦的税收主要有所得税、增值税、关税、印花税、营业税、不动产税、土地税、商业单位税和环保税等。其中外资企业或个人主要缴纳的税款为所得税。在摩尔多瓦注册的外资企业根据经营领域的不同以及规模的大小,所需缴纳的所得税有较大的差别。一般企业需要缴纳 12% 的所得税;如果是中小型企业,则缴纳税率为 4%;如果是以农业经营活动为主的农场主(个人)则缴纳税率为 7%;如果是个体户形式经营,且营业额在 60 万列伊及以内,则税率只有 1%。在自由经济区内的企业则可获得相应的优惠政策,如企业在自由经济区内,企业所得税可减免 25%。如果商品是在自由经济区生产且直接出口,企业所得税可减半征收。对于在自由经济区内进行投资的企业,如果投资额达 100 万美元,3 年免征所得税;如果投资金额达 500 万美元则 5 年免征所得税。此外,外资企业如能为摩尔多瓦提供持续增长的就业岗位,也可享受减免所得税的优惠政策。对于一些特定行业,如有外资进入,摩尔多瓦亦提供减免所得税的优惠政策,比如在农副产品和软件开发行业,外资可 5 年免征所得税。企业在摩尔多瓦如有固定的经营场所或定期开展商业活动则须进行增值税的登记,增值税率根据不同种类的商品或服务有一定的差别,大致分布在 5%—20%之间。如在摩尔多瓦拥有房屋或土地则须上缴不动产税,其中房产税依据房屋所在地理位置不同而税率不一,浮动范围在0.05%—0.3%之间。而土地税则根据地理位置、用途等因素进行税率的调整,税费大致为每公顷 0.75—115 列伊。摩尔多瓦进口关税依据商品种类不同而不同,大致范围在 0%—20%之间。商品出口是摩尔多瓦具有优势的地方,摩尔多瓦加入了世界贸易组织,和大多数独联体国家签订了自由贸易协定,与欧盟成员国之间也有自由贸易协定,同时还是中欧自贸协定的签署国,摩尔多瓦出口的很多产品,只要原产地为摩尔多瓦都可享受他国关税减免的优惠。

　　整体而言,摩尔多瓦拥有较好的农业资源,地理位置优越,可方便快捷地将货物运往西欧和东欧,但摩尔多瓦基础设施老化严重,这也成为摩尔多瓦亟待解决的现实问题。就此情形,现摩尔多瓦政府致力于加强基础设施建设,发展绿色农业,推广可再生能源,而在这些方面中国企业又拥有雄厚的资金和技术优势。在"一带一路"倡议下可以帮助摩尔多瓦修复基础设施,如:对公路进行升级改造(摩尔多瓦的道路亟待提升)、对港口进行建设等;开发太阳能、风能等绿色能源;以及进行农副产品的生产与再加工。中国企业可在摩尔多瓦寻求共赢的合作项目,展开深度合作,借助摩尔多瓦拓展出通向整个欧洲的商业之路。

　　中资企业进入摩尔多瓦市场也有一些需要注意的地方,首先要关注的是摩尔多瓦政局的稳定性。摩尔多瓦自独立后,不同政党和领导人的上台致使政府在亲欧和亲俄罗斯上出现数次摇摆,社会上两种声音长期存在,不过摩尔多瓦的大方向还是向欧盟靠拢,中资企业在商业扩展方向上应注意把控。摩尔多瓦民众对政府的执行力和腐败存有较多不满,自 2009 年以来针对政府的示威游行频繁发生,但民众素质整体较高,无社会骚乱出现,对生产工作的影响也不大。摩尔多瓦一直在努力向欧盟靠拢,因此法律体系也在逐步融入欧盟的法律框架,愈来愈完善,但依然处于发展之中,在政策执行时仍会遇到较"随意"的情形出现,企业需做好应对的准备。摩尔多瓦为欧洲国家,对环保很重视,企业对生产过程中产生的污染要加以重视。摩尔多瓦坎坷的历史经历造就其较强的民族自尊心,在语言的名称和使用上存有较大的社会分歧,企业在运作和宣传过程中需注意民族感情问题。摩尔多瓦依然为一个自身市场小、缺乏资金的国家,在摩尔多瓦市场上营利的空间很有限,企业应将摩尔多瓦作为前站,以帮助摩尔多瓦的理念,争得民心,展示自己的实力,打开通向整个欧洲市场的通路。

一位北京人打开的义乌—摩尔多瓦通路

　　摩尔多瓦在国内鲜为人知，若在路上随机采访，询问摩尔多瓦在哪里，相当一部分国人可能会答"南美吧"，有些人甚至会反问"是不是在非洲啊，我怎么从来没听说过"。国人对摩尔多瓦的不了解也导致了在摩华人的数量极为有限，多年来在摩华人数量一直保持在二十来人。这还包括了大使馆的政府工作人员、孔子学院的工作人员、中医中心的工作人员和留学生，显而易见，在摩尔多瓦经商的中国人寥寥无几。就在这屈指可数的从商人士所带动的商业中，却有着和浙江省义乌市不可分割的联系，从中我们也看到浙江作为国内经济发达省份，对世界做出的贡献与影响。

　　谢子殿为北京人，2002 年来到摩尔多瓦留学，性格开朗且重情重义的他在摩尔多瓦很快便结交到自己的朋友，展开了全新的生活。在摩尔多瓦的学习让谢学会了他在国内从未接触过的罗马尼亚语，随着对本地语言的掌握，谢子殿也越来越深入地融合进了当地社会。良好的人际关系和娴熟的语言能力为他后来在摩尔多瓦和中国之间构建商业通路打下了必要的基础。

　　随着改革开放的深入，中国经济得到了飞速的发展，尤其是在加入 WTO 之后，而这正处在谢子殿留学期间，关于中国的各类信息在摩尔多瓦开始频繁出现。对大多数摩尔多瓦民众而言，中国是一个神秘而又遥远的东方大国，然而现在却在人们的日常讨论中越来越多地被提及,这个神秘东方古国的现代化轮廓逐渐在人们的脑海中形成。在这样的大背景下,摩尔多瓦市场上出现了越来越多的"Made in China"商品,不少摩尔多瓦商人不远万里亲自到中国去采购货物。

2005 年的 4 月,寒冷冬季留下的积雪已经融去,基希讷乌的树梢悄然披上清新的绿意,和暖的微风吹拂着这座城市,给人一种欣欣向荣、生机勃勃之感。当时还是学生的谢子殿课后正走在返回宿舍的道路上,感受着摩尔多瓦春的气息。此时,一辆小轿车在并不熙攘拥挤的街道上突然停在了他的旁边,这突如其来的一幕倒是令谢子殿有些诧异,正在犹豫揣测来者何意之时,车窗摇下,车内一位穿着得体的男士询问道:"你好,请问你是中国人吗?"因不认识对方,谨慎的谢子殿一时不知该如何回答。这位男士随即也意识到了自己的提问或许有些唐突,便主动解释道:"我是一家玩具连锁店的老板,目前我们正在考虑从中国购买一批儿童玩具,但我们对中国的市场并不是非常了解。刚才在车内看到你,我想你可能是中国人,所以停车想和你聊聊。"在了解了对方的目的后,谢子殿也轻松了很多,两人自然地攀谈起来,聊天过程中,谢子殿得知对方希望获得一些特定类型玩具在中国的市场价位以及生产厂商,希望能够建立起合作关系,拓展出价廉物美的新货源渠道。自然,这是一件好事,好结交朋友的谢子殿当即便答应了这位商人的请求,愿意帮其搜寻相关的信息。

回到宿舍后,谢子殿便开始思考如何帮助这位摩尔多瓦商人朋友。拥有广泛人脉的他自然而然地想到了国内的亲朋好友,决定第二天一早去市中心的一家 IP 电话超市和国内的朋友联系(2005 年摩尔多瓦的互联网尚未达到今天的发达便利程度,大学宿舍内尚未安置互联网接口)。随着一个又一个的国际长途,谢子殿向身处祖国各地的朋友们讲明了所需玩具的规格要求,拜托朋友们帮助他搜集相关信息。朋友们都非常给力,在随后的大致一周内,谢子殿陆续收到了来自朋友们的电子邮件。在将朋友们发来的信息整理翻译后,谢子殿联系了那位摩尔多瓦的玩具商人。当电话接通,谢子殿表明相关的资料已准备好后,那位摩尔多瓦朋友流露出了难以掩饰的惊喜与诧异,他未曾想到这位来自中国的学生朋友竟会如此认真且高效地帮他做了这件事,随即便约谢子殿见面详聊。后来谢子殿回忆道,那次帮助玩具商人的事开启了他从事中摩贸易的生涯。那位商人在事后给予了谢子殿一些酬金以示答谢。数月后,谢子殿在基希讷乌的一些玩具店内真的看到了由他联系而出现的"Made in China"玩具时,一种自我存在的价值油然而生,谢子殿内心中出现了一个声音:"看,我也为祖国的经济发展贡献了自己的力量!"后来因那位玩具商人的介绍,其他一些行业的商家也开始联系谢子殿,希望他能帮助从中国寻找货源,谢子殿均尽力相助,并逐渐在摩尔多瓦商圈留下了自己的名字。

　　因在摩尔多瓦时对摩商家的帮助,毕业归国后的他依然陆续收到老朋友们发来的邮件,热情的他继续为这些朋友提供帮助。随着时间的推移,谢子殿意识到这是一个长期且稳定的商业模式。中摩之间信息流通量并不大,方块字中文对于摩尔多瓦民众而言可谓"天书",似乎是不可逾越的信息隔阂;国人对摩尔多瓦又极度不了解,懂得罗马尼亚语的人才更是极为有限,这之间的鸿沟正需要他来填补。于是谢子殿决定投身于中摩之间的贸易事业。刚开始的时候,他保持了在摩时的操作方式,帮助摩国商人与国内厂商建立联系,仅获取一些劳务费。但很快谢子殿就改变了自己的商业模式,决定由自己亲自去采购,再将货物直接发往摩尔多瓦,这样不仅自己的自主性大很多,而且利润也会有大幅提高。然而困难也是显而易见的,刚刚毕业的他并没有多少资金,自己发货需要有外贸公司才行。正所谓"朋友多了路好走",恰好朋友中有人从事外贸行业,并拥有自己的公司。谢子殿随即联系了那位朋友,那位朋友也对谢子殿的为人十分信任,当即便答应了谢子殿的请求,以他的公司名义进行国际发货等相关流程操作。有了朋友的帮助,谢子殿的国际贸易也正式展开了。每当摩尔多瓦的老客户联系谢子殿时,谢子殿会立即根据客户要求去采购物资,再将物资及时发给摩尔多瓦的商家。然而问题也随之出现,谢子殿发现摩尔多瓦商家每次要求的货物量都偏小,这样小批量发货不仅效率低下且成本很高,于是谢子殿重新分析了摩尔多瓦商家的特点:"摩尔多瓦自身市场较小,大多数商家每次所需货物量都不大,但货物补充的速度较快,会根据市场的需要快速调整所销售货物的数量、品种。因此在外贸中应将几个商家所需的货物集中起来,统一以货柜的形式发往摩尔多瓦。对于一些时效性要求较高的商品则采用航空运输的形式发货。"经过对商业模式的调整,谢子殿的利润有了很大的提升,2014 年他注册成立了自己的外贸公司——道通(北京)国际贸易有限公司。

　　为了进一步扩大自己的贸易,谢子殿不再被动等待摩尔多瓦商家发来需求信息,而采取主动将国内的货物信息推送给摩尔多瓦老客户的方式。然而这便对所推荐的货物提出了极高的要求,从国内选品成为谢子殿商业模式中的重中之重。谢子殿根据自己在摩尔多瓦多年的生活经验,分析总结道:"摩尔多瓦地处欧洲,对时尚特别敏锐,人们对穿着与室内装饰颇有讲究,典雅而又前卫,尤其是年轻的女孩们,漂亮时尚的她们俨然是基希讷乌大街上一道亮丽的风景线。"根据这样的特点,谢子殿需要的产品既要有欧美特色,符合摩尔多瓦市场,又要保证质量和价格之间的平衡。为此，他在国内多个省份间辗转奔波，经过对多个地区的考察调研后，浙江义乌成为谢子殿的首选采购站点。

义乌这座地处浙江省中部，并不沿海，没有深水港的县级市，从当年廿三里街的小商小贩们冒着"违反政策"的风险，摇着拨浪鼓进行"鸡毛换糖"开始，义乌人以商人特有的敏锐嗅觉，紧紧跟随市场的需求，经过 40 年的探索发展，成为全球最大的小商品批发市场。如今的义乌可谓商户如云，商铺林立，所销售的商品更是形形色色，品目繁多。这些各式各样、五花八门的商品满足了人们日常生活的所有需求，这不仅包罗了符合国人生活习惯和文化特色的商品，满足全世界各种文化背景下人们生活所需的物品亦是应有尽有。这样一个国际化的商品集散地正是谢子殿梦寐以求的地方。

谢子殿从北京多次南下义乌，逐个商家、逐件货物进行挑选。谢子殿独特的眼光加上义乌极具竞争力的价格优势，使得谢子殿整理汇总出来的针对摩尔多瓦市场的商品非常具有竞争力。谢子殿将选择的货物清单推荐给摩尔多瓦的客户后，很快便收到了订单，这样生意越做越大，他的公司在摩尔多瓦商圈中也越来越有名气，不仅老客户会发来订单，新客户也不断涌现，谢子殿前往义乌的频率也越来越高。义乌作为全球最大的小商品市场，商品不胜枚举，令人目不暇接。因商品太多，每次来到义乌谢子殿都感觉到无法做到尽善尽美，挑选到自己最满意的商品，终于谢子殿决定在义乌开设分店，常住义乌，直接和货源保持紧密的联系。摩尔多瓦的商家对谢子殿推荐的商品在时尚性、实用性和质量上均感到满意，谢子殿的生意蒸蒸日上。在这期间，因谢子殿的货源总是非常好，摩尔多瓦有商家希望能亲自来义乌，根据他们自己的眼光来挑选商品。对此谢子殿表示了极大的热情,亲自去机场迎接远道而来的商友,带着他们光顾义乌商贸城的不同货区,为他们解释、充当翻译。有些初到义乌的商家被这商品的海洋所震撼,感觉到无从下手,不知该如何挑选,便对谢子殿建议道:"你可以提供更多这里商品的信息,但不要太过于严格地筛选,这样我们在那边可以挑选的余地便会大很多。你要知道,你现在不在摩尔多瓦了,那边的潮流变化可是很快的哦。"这样的话启迪了谢子殿,如今全球都在进行电子商务,可以架设网站,将更广范围的商品信息在网络上提供给这些摩尔多瓦商家,这样更便于他们挑选货物。

说干就干,不能错过时机,谢子殿很快便建立了自己的商品信息网站。该网站不同于义乌大多数商家的网站,谢子殿选择将网站完全本地化,网站使用了罗马尼亚语和俄语,并直接架设在摩尔多瓦境内。当谢子殿在义乌发现了新的具有潜力的商品后便会第一时间发布在网站上,而摩尔多瓦的合作伙伴们也实时关注他的站点,这使得商品的时效性得到了大幅提高,由于谢子殿的站点为 B2B 模式,商家选好商品后,谢子殿就将这些商品采购回来统一发往摩尔多瓦。如今谢子殿的生意已从刚开始的年营业额十几万元人民币上升至几百万元人民币,增长了几十倍,每年都有数个集装箱发往摩尔多瓦。

在做从中国出口到摩尔多瓦贸易的同时,谢子殿也充分发掘了北京与浙江的特色。两地均属于国内的富裕地区,人民对生活品质有一定要求,摩尔多瓦的红酒在这里具有市场。因此谢子殿也积极拓展北京和义乌的摩红酒市场,并以义乌作为原点向整个浙江省进行辐射,参加和举办摩尔多瓦红酒展,如今他已打开了数条在北京和浙江的红酒销售渠道,将摩尔多瓦品质一流的葡萄酒带给国人。

2018 年的夏天，谢子殿再次飞到了摩尔多瓦，这一次他带着更为宏大的目标——将义乌的商品通过摩尔多瓦拓展进罗马尼亚，进而打开欧盟的市场。谢子殿深知摩尔多瓦与罗马尼亚特殊的历史渊源，他的摩尔多瓦生意伙伴们甚至有很多同时具有罗马尼亚国籍，这些生意伙伴与罗马尼亚的商业人士来往频繁。因谢子殿多年来以诚经商，用心经营，在他拜访摩尔多瓦的合作伙伴并告知其想法之后，立刻得到了合作伙伴的支持。炎炎夏日，就如同以往谢子殿带着朋友们走访义乌商贸城一样，朋友们带着谢子殿走访他们在罗马尼亚的合作伙伴，进行引荐。谢子殿回来后说道："这一次去罗马尼亚非常成功，因国家提出了'一带一路'的倡议，大政策对我们非常有利，再加上有朋友做推荐和语言交流无障碍，我们谈得非常好，甚至有一见如故、相见恨晚的感觉。我们都相信将来两国间的贸易量只会有增无减，这对我们双方都是一个机遇，我们已初步建立了合作构想！"

谢子殿作为一名北京人，在摩尔多瓦留学，毕业后在浙江义乌和摩尔多瓦之间进行国际贸易，成为中摩之间为数不多的商人之一，并且成功建立起了稳定的义乌—摩尔多瓦商路。如今通过摩尔多瓦，谢子殿正在向着进入欧盟市场冲刺，我们也祝愿在国家"一带一路"倡议的宏观背景下，他能取得更大的成绩，将中国物美价廉的商品销售到欧洲，也将摩尔多瓦乃至欧洲的特色商品带回给国人。

参考文献

一、书籍类

[1] Agrigoroaiei, Ion, Palade, et al. Basarabia în cadrul României întregite 1918-1940 [M]. Chişinău: Universitas, 1993.

[2] Andrieş-Tabac, Silviu, et al. Simbolurile Naţionale ale Republicii Moldova [M]. Academia de Ştiinţe a Moldovei, Chişinău: Tipografia Centrală, 2010.

[3] Botezatu, Grigore. Legende, Tradiţii şi Povestiri Orale Moldoveneşti [M]. Chişinău: Ştiinţa, 1975.

[4] Cantemir, Dimitrie. Descrierea Moldovei [M]. Bucureşti: Litera Internaţional, 2001.

[5] Cojocaru, Gheorghe. Separatismul în Slujba Imperiului [M]. Chişinău: Civitas, 2000.

[6] Constantiniu, Florin. O Istorie Sinceră a Poporului Român [M]. Ed. IV, Bucureşti: Univers Enciclopedic Gold, 2014.

[7] Dragnev, Demir, et al. Republica Moldova-25 de ani. Repere Istorice. Istoria Ştiinţei [M]. Chişinău: Academia de Ştiinţe a Moldovei, 2016.

[8] Eremia, Ion. Un Popor Împărătesc pe Teritoriul Imperiului Rus în Secolul al XVIII-lea-Naţiunea

Română. Constantin Manolache. Ed. Orizonturi Medievale și Modern în Istoria Românilor [M]. Chișinău: Academia de Științe a Moldovei, 2016.

[9] Gal, Ionel. Documente Străine Despre Români [M]. București: Direcția Generală a Arhivelor Statului din Republica Socialistă România, 1979.

[10] Giurescu, Constantin. Istoria Românilor, Vol. 1-Din cele mai vechi timpuri până la moartea lui Alexandru cel Bun (1432) [M]. București: ALL, 2010.

[11] Giurescu, Constantin. Istoria Românilor, Vol. 2-De la Mircea cel Bătrîn și Alexandru cel Bun pînă la Mihai Viteazul [M]. București: ALL, 2010.

[12] Guzun, Vadim. Imperiul Foamei: Foametea Artificială din URSS și Impactul Asupra Spațiului Românesc: 1921-1922, 1931-1933, 1946-1947 [M]. București: Filos, 2014.

[13] Herodot. Istorii. Izvoarele Istoriei României, Vol. I [M]. București: Academiei Republicii Socialiste România, 1970.

[14] Hurmuzaki, Eudoxiu, Densușianu, et al. Documente Privitoare la Istoria Românilor. Vol. 1-Partea 2. 1346-1450 [M]. București: Academia Română și Ministerul Cultelor și Instrucțiunii Publice, 1890.

[15] Ioniță, Ion. Din Istoria și Civilizația Dacilor Liberi [M]. Iași: Junimea, 1982.

[16] Jitaru, Grigore. Blazoane Domnești în Țara Românească și Moldova [M]. Chișinău: Uniunii Scriitorilor, 1997.

[17] Lewis, Richard D. When Cultures Collide [M].

Boston: Nicholas Brealey International, 2006.

[18] Olaru-Cemîrtan, Viorica. Deportările din Basarabia 1940-1941, 1944-1956 [M]. Chișinău: Pontos, 2013.

[19] Postolache, Gheorghe. Ariile Naturale Protejate din Moldova. Vol. 2: Arbori Seculari [M]. Chișinău: Știința, 2015.

[20] Purici, Ștefan. Istoria Basarabiei [M]. București: Semne, 2011.

[21] Rosetti, Alexandru. Istoria Limbii Române, Vol. 1-De la origini pînă la începutul secolului al XVII-lea [M]. București: Editura Științifică și Enciclopedică, 1986.

[22] Scurtu, Ioan, et al. Documente privind Istoria României între Anii 1918-1944 [M]. București: Editura Didactică și Pedagogică, 1995.

[23] Țâcu, Octavian. "Republica Moldova de la Comunism la Integrarea Europeană". Istoria Ilustrată a României și Republicii Moldova [M]. Pop, Ioan-Aurel and Bolovan, Ioan, Ed. 3, Vol. 6, București: Litera, 2017.

[24] Țurcanu, Ion. Istoria Românilor. O privire mai largă asupra culturii[M]. Brăila: Istros, 2007.

[25] Ureche, Grigore. Letopisețul Țării Moldovei [M]. Chișinău: Cartea Moldovei, 2012.

[26] Ursache, Silvia. Legendele Neamului Românesc [M]. Chișinău: Silvius Libris, 2015.

[27] Vidrașcu, Anatol, Vidrașcu, et al. Legende Populare Românești[M]. Chișinău: Litera, 2002.

[28] Покровский, Михаил. Избранные Произведения в

Четырех Книгах. Книга 4. Лекции, Статьи, Речи[М]. Москва: Мысль, 1967.

[29] 顾志红.摩尔多瓦[M].北京:社会科学文献出版社,2015.

二、期刊类

[1] Anatol Eremia. "Lexicul Social-Istoric în Toponimia Românească Pruto-Nistreană" [J]. Revista de Lingvistică şiştiinţă literară a Academiei de Ştiinţe a Moldovei, 2008, 1-2 (235-236).

[2] Constantin Ungureanu. "Ştiinţa de Carte în Teritoriile Populate de Români la Începutul Secolului XX" [J]. Codrul Cosminului, 2005, 11.

[3] Florin Constantiniu, Şerban Papacostea. "Tratatul de la Lublau (15 martie 1412) şi Situaţia Internaţională a Moldovei la Începutul Veacului al XV-lea" [J]. Studii. Revista de Istorie, 1964, 5(17).

[4] Valeriu Cuşnir, Dumitru Grama. "Limba Moldovenească sau Limba Română: Argumente Istorico-Juridice" [J]. Akademos, 2014, 3(34).

[5] Victoria Cojocariu. "Cât de accesibil este dreptul la redobândirea cetăţeniei române?" [J]. Centrul pentru Inovare Publică, 2016.

[6] Vlad Mischevca. "Drapelul de Stat al Republicii Moldova-la un sfert de veac! (1990-2015)" [J]. Literatura şi Arta, 2015, 18 (3635).

[7] Vlad Mischevca. "Tricolorul Naţional. Introducere în Simbolistica Vexilologică" [J]. Akademos. Revistă de Ştiinţă, Cultură şi Artă, 2010, 2 (17).

三、互联网资源

[1] 国家信息中心"一带一路"大数据中心,大连瀚文资讯有限公司.一带一路贸易合作大数据报告(2018)[EB/OL].(2018-05-12)[2019-11-06].https://www.sohu.com/a/231385240_468714.

[2] 商务部国际贸易经济合作研究院,中国驻摩尔多大馆经济商务参赞处,商务部对外投资和经济合作司.对外投资合作国别指南——摩尔多瓦(2018)[EB/OL].(2017-12-28)[2019-11-06].http://www.yidaiyilu.gov.cn/zchj/zcfg/6739.htm.